Werner Freitag

# Moderner Musikunterricht mit Orff-Instrumenten

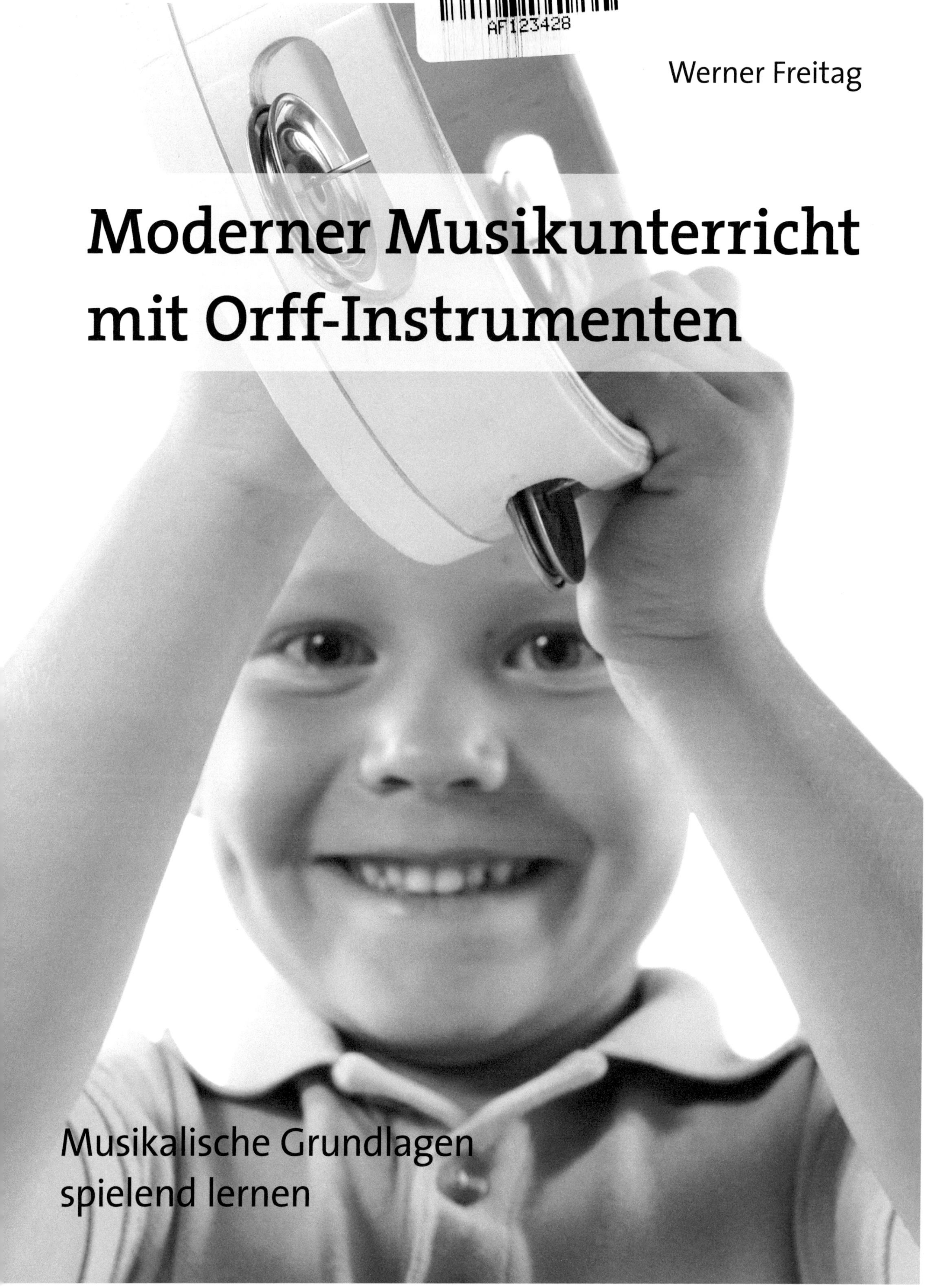

Musikalische Grundlagen spielend lernen

# STUDIO 49  www.studio49.de

Wir bedanken uns herzlich beim STUDIO 49, Gräfelfing, für die Bereitstellung der Fotografien der Orff-Instrumente.

2. Auflage 2021
© Auer Verlag
AAP Lehrerwelt GmbH, Augsburg
Alle Rechte vorbehalten
Das Werk und seine Teile sind urheberrechtlich geschützt. Jede Nutzung in anderen als den gesetzlich zugelassenen Fällen bedarf der vorherigen schriftlichen Einwilligung des Verlages. Hinweis zu § 52 a UrhG: Weder das Werk noch seine Teile dürfen ohne eine solche Einwilligung eingescannt und in ein Netzwerk eingestellt werden. Dies gilt auch für Intranets von Schulen und sonstigen Bildungseinrichtungen.
Illustrationen: Bettina Weyland, Corina Beurenmeister
Satz: Fotosatz H. Buck, Kumhausen
Druck und Bindung: Esser printSolutions GmbH
ISBN 978-3-403-**07116**-7

www.auer-verlag.de

# Inhalt

Vorwort .................................................................... 4
Verzeichnis der Hörbeispiele auf der Begleit-CD ................................ 5

| I | Musizieren mit Rhythmusinstrumenten | 6 |
|---|---|---|
| | Einfache Übungen mit Rhythmusinstrumenten ............................. | 7 |
| | Verklanglichen von Texten und Situationen ............................. | 8 |
| | Improvisieren nach rhythmischen Bausteinen ........................... | 10 |

| II | Spielerischer Umgang mit Stabspielen | 16 |
|---|---|---|
| | Ausprobieren der Stabspiele. ......................................... | 17 |
| | Verschiedene Übungen mit Stabspielen. ................................ | 18 |

| III | Begleiten von Liedern auf Stabspielen | 20 |
|---|---|---|
| | Volltakt und Auftakt unterscheiden. .................................. | 20 |
| | Lieder mit Grundtönen begleiten ...................................... | 21 |
| | Lieder mit Dreiklängen begleiten ..................................... | 25 |

| IV | Spielen nach melodischer Notation auf Stabspielen | 29 |
|---|---|---|
| | Spielen mit Linien und Zwischenräumen ................................ | 29 |
| | Spielen mit Notenwörtern ............................................. | 30 |
| | Einführung des Violin- und Bassschlüssels. ........................... | 31 |
| | Erarbeiten von Melodieanfängen ....................................... | 33 |
| | Spiele mit Tönen und Melodien ........................................ | 35 |

| V | Musizieren von Musikstücken auf Stabspielen | 36 |
|---|---|---|
| | Schwerpunkt: Melodie. ................................................ | 36 |
| | Schwerpunkt: Dreiklangsbegleitung. ................................... | 39 |
| | Schwerpunkt: Dreiklänge und Vierklänge ............................... | 40 |

| VI | Kopiervorlagen | 42 |
|---|---|---|

| VII | Beispielhafte Lernkontrollen | 68 |
|---|---|---|
| | Hören von Musik. ..................................................... | 68 |
| | Wissen über Musik. ................................................... | 71 |
| | Gestalten von Musik .................................................. | 74 |

| VIII | Lösungen zu den Lernkontrollen | 75 |
|---|---|---|

# Vorwort

Die sogenannten Orff-Instrumente sind nach dem Komponisten Carl Orff (1895–1982) benannt und bezeichnen eine Gruppe von Elementarinstrumenten, die nach asiatischem Vorbild für den Gebrauch in Schulen weiterentwickelt wurden.

Zu ihnen gehören Glockenspiele, Metallofone und Xylofone, die als Stabspiele zusammengefasst werden, sowie Rhythmusinstrumente wie Handtrommel, Pauke, Triangel, Klanghölzer, Becken u. a.

Die Verwendungsmöglichkeiten dieser Instrumente gehen heute über das von Orff ursprünglich auf Improvisation angelegte Musizieren weit hinaus. Sie umfassen Liedbegleitung, Verklanglichung, Einführung in Musiklehre und Notation, Musikstücke zum Mitspielen und vieles mehr.

Das vorliegende Buch bearbeitet das weite Feld eines Unterrichts mit Orff-Instrumenten mit folgenden Angeboten:

- Texte und Situationen werden mit Rhythmusinstrumenten verklanglicht,
- einfache Formen der Improvisation werden ausprobiert,
- die Stabspiele werden Schritt für Schritt eingeführt und erläutert,
- Lieder werden mit Stabspielen begleitet,
- die melodische Notation wird am Instrument erfahren,
- Musikstücke werden gehört, untersucht und musiziert.

Die wesentlichen Aspekte der Musiklehre sind in die einzelnen Kapitel integriert und werden an den entsprechenden Stellen in kleinen Kästen – als Lexikon bezeichnet – erläutert.

Konkrete Vorschläge für passende Lernkontrollen runden den Band ab.

Als optimale Ergänzung zu diesem Buch dient die Begleit-CD (ISBN 978-3-403-07117-4), auf der passende Hörbeispiele (siehe S. 5) zu finden sind. Im Buch sind an den betreffenden Stellen Verweise auf die CD aufgeführt – die Realisierung aller Unterrichtsideen ist aber auch ohne die CD bzw. mit eigenen Hörbeispielen möglich.

Viel Freude beim Musizieren wünscht
Ihr Werner Freitag

# Verzeichnis der Hörbeispiele auf der Begleit-CD

Die Begleit-CD zu diesem Buch ist unter der ISBN 978-3-403-07117-4 beim Auer Verlag erhältlich.

| Hörbeispiel | Titel | Bezug zur Kopiervorlage | Dauer |
|---|---|---|---|
| HB 1 | Verschiedene Tempi:<br>Forellenquintett in A-Dur (Franz Schubert)<br>Kanon und Gigue in D-Dur (Johann Pachelbel)<br>Sinfonie Nr. 88 in G-Dur (Joseph Haydn) | | 3:14 |
| HB 2 | Mein Vaterland: Die Moldau (Bedřich Smetana) | | 1:08 |
| HB 3 | Der Nussknacker (Pjotr Iljitsch Tschaikowsky) | | 1:05 |
| HB 4 | Rhythmusstück | KV 4 | 0:44 |
| HB 5 | Mödlinger Tänze (Ludwig van Beethoven) | KV 5 | 1:11 |
| HB 6 | Old MacDonald had a farm – Playback | KV 7 | 3:10 |
| HB 7 | Paule Puhmanns Paddelboot – Playback | KV 8 | 3:21 |
| HB 8 | Kinder, jetzt ist Faschingszeit – Playback | KV 9 | 1:22 |
| HB 9 | Kinder, jetzt ist Faschingszeit – Bassstimme | KV 9 | 0:19 |
| HB 10 | Wenn der Elefant in die Disco geht – Playback | KV 10 | 2:16 |
| HB 11 | Wenn der Elefant in die Disco geht – Bassstimme | KV 10 | 0:32 |
| HB 12 | My bonnie is over the ocean – Playback | KV 11 | 2:04 |
| HB 13 | My bonnie is over the ocean – Bassstimme | KV 11 | 0:42 |
| HB 14 | Heut kommt der Hans zu mir – Playback | KV 12 | 0:48 |
| HB 15 | Heut kommt der Hans zu mir – Begleitsatz | KV 12 | 0:27 |
| HB 16 | Guten Morgen, der Frühling ist da | KV 14 | 1:36 |
| HB 17 | Guten Morgen, der Frühling ist da – Begleitsatz | KV 14 | 0:33 |
| HB 18 | Ihr Kinderlein kommet – Melodieanfang | KV 18 | 0:34 |
| HB 19 | Der Hahn ist tot – Melodieanfang | KV 19 | 0:23 |
| HB 20 | Das Pizzalied – Playback | KV 20 | 1:14 |
| HB 21 | Das Pizzalied – Melodieanfang | KV 20 | 0:31 |
| HB 22 | Hochzeitsmarsch (Felix Mendelssohn Bartholdy) | KV 23 | 1:41 |
| HB 23 | Lollipop (The Chordettes) | KV 24 | 2:12 |
| HB 24 | Album für die Jugend: Fröhlicher Landmann (Robert Schumann) | KV 25 | 0:50 |
| HB 25 | Super Trouper (ABBA) | KV 26 | 4:12 |
| HB 26 | Super Trouper (ABBA) – Melodie | KV 26 | 0:34 |
| HB 27 | Super Trouper (ABBA) – Rhythmus-Background | KV 26 | 1:14 |
| HB 28 | Te Deum in D-Dur (Marc-Antoine Charpentier) | | 0:34 |
| HB 29 | Tonhöhen | | 0:27 |
| HB 30 | Melodien 1 | | 0:21 |
| HB 31 | Melodien 2 | | 0:18 |
| HB 32 | Melodien 3 | | 0:21 |
| HB 33 | Dreiklänge | | 0:39 |

# I Musizieren mit Rhythmusinstrumenten

**Ziele:**
- Die Schüler lernen im Umgang mit Körper- und Rhythmusinstrumenten sowie Stabspielen, ihre Vorstellungen und Gefühle musikalisch auszudrücken.
- Sie lernen unterschiedliche Arten kennen, diese Gedanken zum Ausdruck zu bringen.
- Die Schüler lernen, auf der Grundlage von rhythmischer Notation spontan kleine musikalische Bausteine aus ihrem Fundus sinnvoll auszuwählen.
- Die Schüler lernen, diese Bausteine in die laufende Improvisation zu integrieren.

## Grundausstattung an Rhythmusinstrumenten

### Fellinstrumente:

5 Handtrommeln in verschiedenen Größen

1 Paar Bongos

1 Pauke

### Holzinstrumente:

6 Paar Klanghölzer, evtl. in verschiedenen Größen

1 Guiro

2 Holzblocktrommeln in verschiedenen Größen

1 Röhrenholztrommel

### Metallinstrumente:

1 Schellenring

2 Triangeln in verschiedenen Größen

1 Cowbell (Kuhglocke)

1 Paar Becken

### Mix-Instrumente:

1 Schellentrommel

1 Cabasa

1 Paar Maracas (Rassel)

Diverse Schlägel

# Einfache Übungen mit Rhythmusinstrumenten

Es wird davon ausgegangen, dass die Schüler* bereits Primärerfahrungen mit Rhythmusinstrumenten gesammelt haben. Deshalb wird hier besonderer Wert auf die Aspekte Klang, Aussehen und Namen gelegt.

## Spielen – Hören – Beschreiben – Benennen

- Die Schüler erhalten je ein Rhythmusinstrument und erzeugen möglichst unterschiedliche Klänge.
- Sie spielen einzeln vor, beschreiben den Klang und nennen ggf. den Namen des Instruments.
- Der Lehrer gibt einen Rhythmus vor, der von allen, von einzelnen Schülern oder von Teilgruppen mit Fell-, Holz-, Metall- oder Mix-Instrumenten wiederholt wird.
- Ggf. wird ein Rondo (Form: A B A C A) mit drei verschiedenen Rhythmen entwickelt, wobei Solisten und/oder Teilgruppen eingesetzt werden könnten.

## Fühlen – Beschreiben – Benennen

- Unter einem Tuch liegen verschiedene Rhythmusinstrumente.
- Ein Schüler ertastet ein Instrument und beschreibt seine Form, die Klasse nennt den Namen.
- Ebenso wird mit den anderen Instrumenten verfahren.

## Spielen – Hören – Benennen

- Eine Schülergruppe stellt sich hinter einem Sichtschutz auf und spielt verschiedene Rhythmusinstrumente nacheinander an.
- Die Klasse nennt die Namen.
- Die Schwierigkeit wird gesteigert, indem zwei oder drei Instrumente gleichzeitig angespielt werden.
- Die Instrumentennamen werden den betreffenden Instrumenten zugeordnet.
- Eine Hälfte der Klasse erhält Instrumente, die andere Hälfte Namenkarten. Sie finden sich als Paare zusammen.

**Lexikon: Rhythmusinstrumente**
Fellinstrumente: Handtrommel, Bongos, Pauke
Holzinstrumente: Klanghölzer, Guiro, Holzblocktrommel, Röhrenholztrommel
Metallinstrumente: Schellenring, Triangel, Glocke, Becken
Mix-Instrumente: Schellentrommel, Cabasa, Maracas/Rassel

---

* Aufgrund der besseren Lesbarkeit ist in diesem Buch mit Schüler auch immer Schülerin gemeint, ebenso verhält es sich mit Lehrer und Lehrerin etc.

# Verklanglichen von Texten und Situationen

Das Verklanglichen von Texten und Situationen oder auch Bildern ermöglicht es den Schülern einerseits, ihre Erfahrungen aus dem Alltag in den Unterricht einfließen zu lassen und andererseits ihre Vorstellungskraft zu stärken und in Musik umzusetzen.
Zunächst sollten die Schüler mit den zu verwendenden Rhythmusinstrumenten vertraut gemacht werden.

## Ein kurzes Ereignis verklanglichen

Der Lehrer nennt ein Thema und lässt die Schüler die Vorstellung, die sie davon haben, zuerst mit Worten beschreiben und anschließend musikalisch ausdrücken. Die musikalische Gestaltung führt zu einer relativ einheitlichen Klangfarbe. Es geht dabei um kurze und überschaubare Situationen, die gut im Klassenverband gespielt werden können.

Beispiel: *Reiter mit Pferden*

- Der Lehrer nennt das Thema: „Reiter mit ihren Pferden traben über eine holprige Straße."
- Die Schüler stellen sich die Situation vor und überlegen, wie sie sie musikalisch umsetzen wollen.
- Es werden geeignete Instrumente ausgewählt.
- Einzelne Schüler spielen vor.
- Eine Gruppe musiziert gemeinsam.
- Alle spielen gemeinsam.
- Der Lehrer variiert das Thema: „Die Pferde galoppieren jetzt über eine Wiese."
- Die Schüler probieren aus.
- Es werden ggf. verschiedene Gangarten oder Tempi einbezogen.

Andere Beispiele:
*Ein Auto fährt an uns vorüber.*
*Reife Äpfel fallen vom Baum.*
*Es blitzt und donnert.*
*Die Sonne geht auf.*

## Eine Alltagssituation verklanglichen

Ein Text wird vorgestellt und daraufhin untersucht, an welchen Stellen er durch Klänge oder Geräusche verstärkt werden kann. Die musikalische Gestaltung führt zu einer mosaikhaften Illustration des Textes. Die Verklanglichung von Alltagssituationen verlangt von den Schülern eine möglichst „naturgetreue" Schilderung der betreffenden Handlung mit den Mitteln der Musik.

Folgende Aspekte helfen bei der Auswahl geeigneter textlicher Vorlagen:

- Je kürzer die Texte sind, umso mehr kann in der zur Verfügung stehenden Zeit intensiv daran gearbeitet werden.
- Es ist von Nutzen, wenn so genannte Schlüsselwörter im Text vorhanden sind, die sich zur Verklanglichung anbieten. Sie sollten vor Beginn der eigentlichen Verklanglichung unbedingt identifiziert und auch in ihrer Eigenschaft beschrieben werden.
- Wiederholungen in der Vorlage ermöglichen die Verwendung von musikalischen Motiven (für bestimmte Personen oder Gegenstände), die als „roter Faden" dienen können.

Beispiel: *Ein Regentag im Herbst*

- Die Schüler erzählen davon, wie sie einen Regentag zu Hause erlebten und welche Geräusche bei diesem Wetter zu hören waren.
- Einzelne Schüler machen Geräusche vor, entweder mit Körper- oder Rhythmusinstrumenten.
- Der Lehrer liest die ersten beiden Sätze des Textes (KV 1, S. 42) vor, die Schüler überlegen sich eine Realisierung und probieren sie aus (z. B. Windgeräusche mit dem Mund erzeugen, für Regentropfen mit den Fingern leise auf die Handtrommel klopfen).
- Die Schüler lesen den Text und unterstreichen die zu vertonenden „Schlüsselwörter". Aufgabe: Was hörst du? Was siehst du? (Bei jüngeren Schülern kann der Lehrer den Text vorlesen und Bildsymbole verwenden.)
- Bei einer Durchführung in der Gesamtgruppe wird durch Mehrheitsentscheid festgelegt, welche Geräusche mit welchen Instrumenten erzeugt werden.
- Die Klasse realisiert die gesamte Geschichte und zeichnet sie auf einem Tonträger auf.
- Die gespielte Fassung wird angehört und ggf. werden Korrekturen eingefügt.
- Bei der Bearbeitung in Gruppenarbeit wird der Text entweder in zwei Abschnitte aufgeteilt und die Gruppen arbeiten arbeitsteilig oder beide vertonen arbeitsgleich den gesamten Text.
- Die Ergebnisse werden vorgeführt und diskutiert, die Teile ggf. zusammengefügt und evtl. Korrekturen angebracht.

## Eine emotional eingefärbte fiktive Situation verklanglichen

Eine Situation mit zwei Gruppen von Handelnden erfordert eine Gestaltung, die eindeutig mit den musikalischen Eigenschaften Lautstärke und Tonhöhe arbeitet und sie zu einer formalen Einheit zusammenbindet.
Die musikalische Gestaltung führt zu einem stärkeren musikalischen Zusammenhang.

Beispiel: *Das Waldhaus (Josef Guggenmos)*

Die Verklanglichung des Gedichts „Das Waldhaus" (KV 2, S. 43) ist sicherlich eine anspruchsvolle Aufgabe. Einerseits verlangt das Gedicht eine Einfühlung der Schüler in eine imaginäre Situation, die sehr emotional besetzt ist. Andererseits sind die Protagonisten (Wölfe, Löwen) daran gehalten, musikalisch aufeinander zu reagieren.
Musikalische Gestaltung arrangiert musikalische Bausteine (Motive) und Prinzipien (Wiederholung, Veränderung, Steigerung, Gegensatz) in einer Form, die auf ein sinnvolles Ganzes abzielt. Die Wölfe heulen in hoher Lage, Die Löwen brüllen dagegen mit tiefer Stimme. Zugleich wird dieser Kontrast überformt durch die an- und abschwellende Lautstärke.

- Der Lehrer erzählt von einem Haus, das weit draußen im Wald liegt und in dem eine spannende Geschichte passiert ist.
- Diese Geschichte soll verklanglicht werden.
- Die Schüler lesen das Gedicht leise für sich.
- Sie geben den Inhalt kurz wieder.
- Der Lehrer oder ein Schüler liest das Gedicht mit entsprechendem Ausdruck vor.
- Die Schüler identifizieren die handelnden „Personen": die Wölfe sowie die Löwen.
- Sie beschreiben die Stimmung: unheimlich, erst ganz leise, immer lauter werdend, am Schluss wieder leise (musikalische Eigenschaft: Lautstärke).
- Sie ahmen die Stimmen der Wölfe (hohe Töne) und der Löwen (tiefe Töne) nach (musikalische Eigenschaft: Tonhöhe).
- Die Schüler gestalten in arbeitsgleichen Gruppen das Gedicht mit ihren Stimmen und Instrumenten und beziehen dabei die Lautstärke sowie die Tonhöhe ein.
- Sie stellen die Gruppenergebnisse vor und erklären, wie sie die Lautstärke und die Tonhöhe berücksichtigt haben.

# Improvisieren nach rhythmischen Bausteinen

Während sich die Verklanglichung mit der Musikalisierung von Geschichten oder Gedichten sowie mit der Umsetzung von Bildern oder Programmen beschäftigt, wird Improvisation hier verstanden als Auseinandersetzung mit kleinen rhythmischen oder melodischen Motiven, also Bausteinen. Diese werden von den Schülern in freier Wahl aus dem ihnen zur Verfügung stehenden Fundus ausgewählt und zu kleinen Musikstücken zusammengefügt. Die improvisatorischen Abschnitte werden in der Regel von Solisten gespielt.

## Ein Metrum spielen

- Der Lehrer spielt ein Metrum, die Schüler spielen es auf Rhythmusinstrumenten und Stabspielen (auf beliebigen Tönen) mit.

Die Notation des Gespielten:            1   2   3   4

Metrum in grafischer Notation

Metrum in rhythmischer Notation

- Die Schüler spielen das Metrum nach Anzeige des Lehrers auf Stabspielen (mit beliebigen Tönen) und Rhythmusinstrumenten mit.
- Der Lehrer spielt genau vier Metrumschläge vor, die Schüler spielen getrennt nach Instrumentenfamilien nach: Holz-, Metall-, Fellinstrumente, Glockenspiele, Xylofone, Metallofone.

**Lexikon: Das Metrum**
Jede Musik hat einen immer gleich bleibenden Grundschlag, der auch Metrum genannt wird. Im Alltag erleben wir ihn z. B. bei einem tropfenden Wasserhahn.

## Verschiedene Tempi kennenlernen

- Der Lehrer spielt ein Metrum in unterschiedlichen Tempi vor.
- Die Schüler beschreiben es als „langsam", „schnell" usw.
- Sie überlegen, wie man Gangarten von Menschen beschreiben kann, z. B. sie gehen, schlendern, rennen, …
- Sie stellen eine Reihenfolge von ganz langsam bis ganz schnell her.

| sehr langsam | langsam | mittelschnell | schnell | sehr schnell |
|---|---|---|---|---|
| schleichen | schlendern | gehen | laufen | rennen |

- Ggf. können an einem Metronom die italienischen Tempobezeichnungen abgelesen werden. Sie sind mit Zahlenangaben verknüpft und bedeuten Viertel-Metrum-Schläge pro Minute.

- Die Schüler hören verschiedene Musikstücke an und stellen mithilfe des Metronoms das genaue Tempo fest (bei Verwendung der CD: Forellenquintett: ca. 104, Kanon und Gigue: ca. 60, Sinfonie Nr. 88: ca. 152). HB 1

**Lexikon: Metrum und Tempo**
Jede Musik hat ein Metrum, dessen Tempo sehr unterschiedlich sein kann. Die Zahlen am Metronom bedeuten die Anzahl der Viertel-Metrum-Schläge pro Minute. „Viertel = 60" bedeutet, dass pro Minute 60 Schläge erfolgen.

## Einen Rhythmus spielen

- Der Lehrer spielt zum Metronom einen Rhythmus, der von den Schülern wiederholt wird, z. B.:

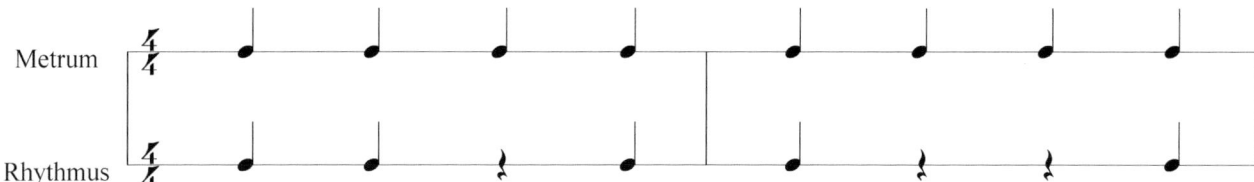

- Der Rhythmus wird wiederholt gespielt, im Wechsel zwischen Rhythmusinstrumenten und Stabspielen (diese musizieren auf einem vorher festgelegten Ton).
- Der Lehrer notiert den Rhythmus an der Tafel und erklärt den Unterschied zwischen Metrum und Rhythmus. → Der Rhythmus weicht vom gleichmäßig gespielten Metrum ab und kann auch Pausen enthalten.
- Beim erneuten Spielen des Rhythmus wird zwischen Tutti (allen) und Solo (einem einzelnen Schüler) abgewechselt.

**Lexikon: Der Rhythmus**
Eine Folge von Noten und Pausen verschiedener Dauer nennt man Rhythmus.

**Lexikon: Die Viertelnote**
Eine Viertelnote dauert genau so lange wie ein Metrumschlag.

Viertelnote

Viertelpause

- Der Lehrer spielt zu einem Metrum (evtl. durch ein Metronom eingespielt) einen Rhythmus aus Achtelnoten und -pausen, z. B.:

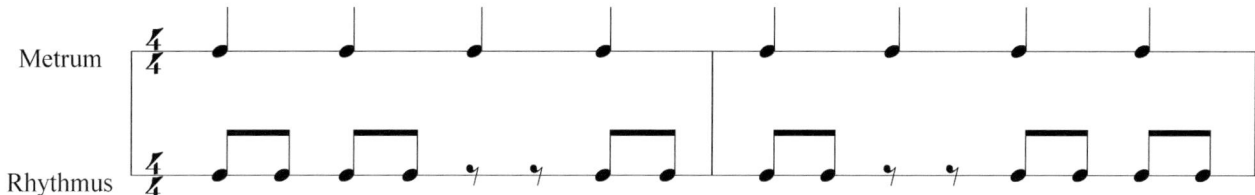

- Die Schüler imitieren.

**Lexikon: Die Achtelnote**
Spielt man auf einen Metrumschlag zwei Schläge, so erhält man Achtelnoten. Eine Achtelnote wird mit Fähnchen am Notenhals geschrieben, zwei Achtelnoten werden mit einem Balken verbunden.

Achtelnoten

Achtelpausen

## Einen Rhythmus verändern – erstes Improvisieren

- Der Lehrer spielt einen Rhythmus vor, alle spielen nach, wobei die Stabspiele auf einem gemeinsamen Ton musizieren. Die Länge sollte anfangs zwei Takte nicht überschreiten.
- In einem zweiten Schritt wird die Spielaufgabe wiederholt und anschließend von einem Solisten etwas variiert, z. B.:

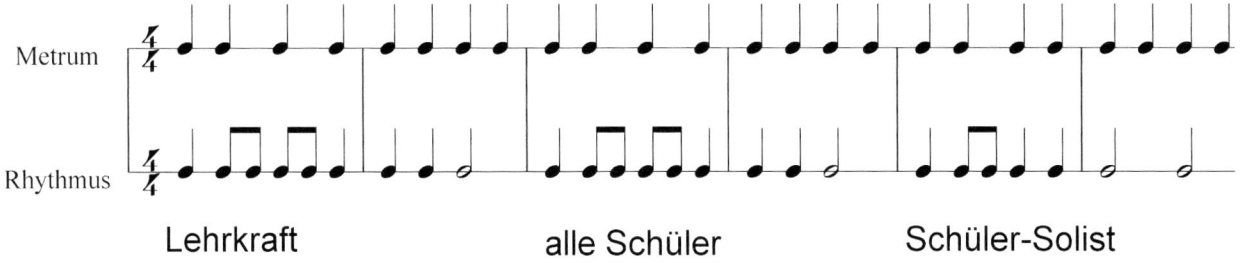

Lehrkraft — alle Schüler — Schüler-Solist

**Lexikon: Die Halbe Note**
Die Note mit hohlem Notenkopf und Hals zählt zwei Metrumschläge und heißt Halbe Note.

Halbe Note

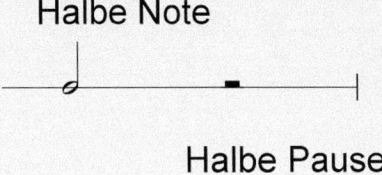

Halbe Pause

- Die zu improvisierenden Teile werden allmählich auf vier Takte ausgeweitet, die Notenwerte um die Ganze Note erweitert.

**Lexikon: Die Ganze Note**
Die Ganze Note hat einen hohlen Notenkopf und keinen Hals. Sie zählt vier Metrumschläge.

Ganze Note

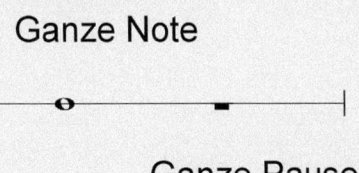

Ganze Pause

## Standard-Taktarten kennenlernen

Auf der Basis von Viertelnote, Achtelnote, Halbe Note und Ganze Note werden einfache zweitaktige Rhythmen im 2er-, 3er- und 4er-Takt gespielt.

- Die Schüler gehen zu einer Polka-Musik im 2/4-Takt (z. B. „Die Moldau" von Smetana) im Metrum und klatschen dazu die Schwerpunkte.  HB 2

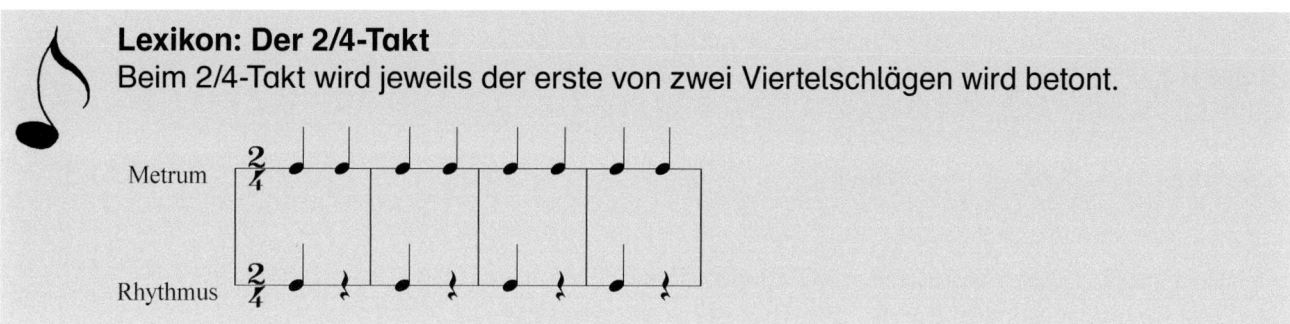

**Lexikon: Der 2/4-Takt**
Beim 2/4-Takt wird jeweils der erste von zwei Viertelschlägen wird betont.

- Die Schüler gehen zu einer Walzer-Musik im 3/4-Takt (z. B. „Der Nussknacker" von Tschaikowsky) im Metrum und stampfen dazu die Schwerpunkte.  HB 3

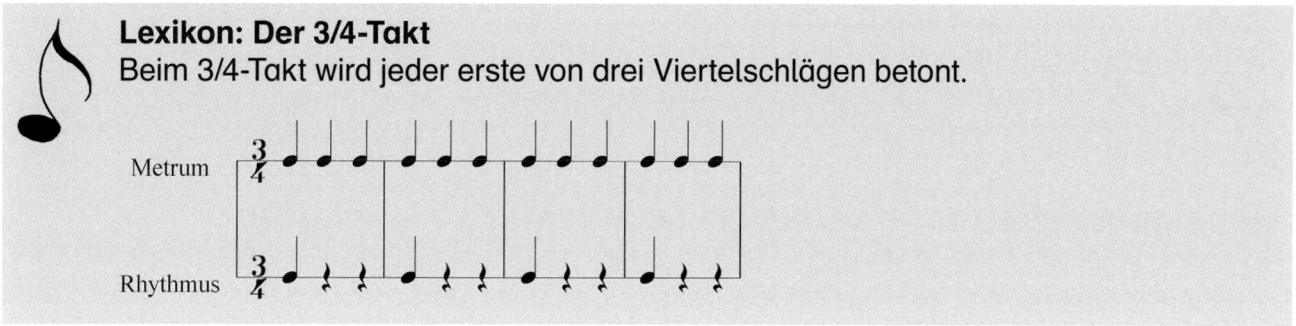

**Lexikon: Der 3/4-Takt**
Beim 3/4-Takt wird jeder erste von drei Viertelschlägen betont.

- Die Schüler betrachten und spielen verschiedene Rhythmen zu den beiden Taktarten (KV 3, S. 44).
- Die Schüler können jetzt selbstständig die Notation eines 4/4-Taktes bewältigen.
- Sie spielen nun auch diese Rhythmen.

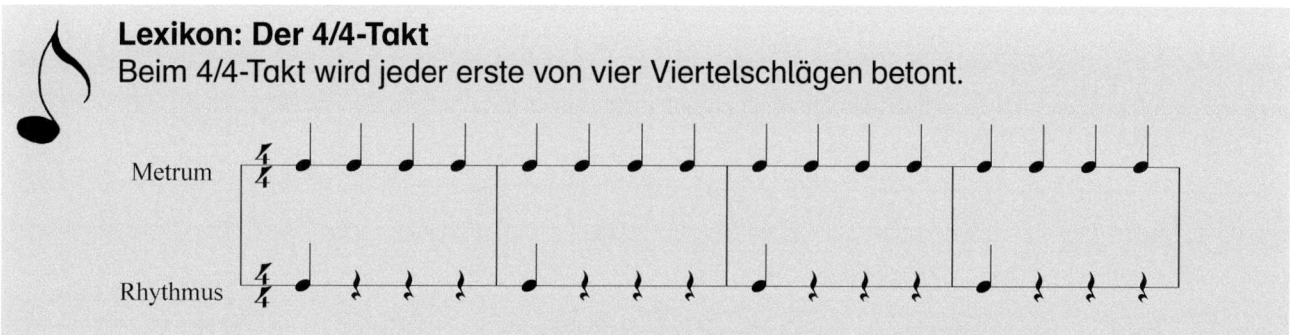

**Lexikon: Der 4/4-Takt**
Beim 4/4-Takt wird jeder erste von vier Viertelschlägen betont.

# Standard-Taktarten für die Improvisation nutzen

- Die Schüler betrachten das Rhythmusstück (KV 4, S. 45) bzw. hören es an und entdecken drei zweitaktige Lücken, die zur Improvisation anregen sollen.  HB 4
- Der Verlauf wird an der Tafel festgehalten:

| Takte | 1 | 2 | 3 | 4 | 5 | 6 | 7 | 8 | 9 | 10 | 11 | 12 |
|---|---|---|---|---|---|---|---|---|---|---|---|---|
| \| 4/4 \| \|\| | \| | \| | \| | \| | \| | \| | \| | \| | \| | \| | \| | \| |
| Vorlauf | Tutti | | Solo 1 | | Tutti | | Solo 2 | | Tutti | | Solo 3 | |

- Die Schüler üben einen eigenen zweitaktigen Rhythmus zum Viertelmetrum.
- Drei Solisten werden für die Improvisation ausgewählt.
- Das 12-taktige Rhythmusstück wird musiziert. (Hinweis: Es ist sinnvoll, möglichst unterschiedliche Klangfarben auszuwählen und auch Stabspiele einzusetzen!)

**Lexikon: Solo und Tutti**
Wenn alle miteinander musizieren, so spielen sie im Tutti.
Wenn einer allein musiziert, so spielt er ein Solo.

# Eine musikalische Form durch Improvisation gestalten

Ausgangspunkt ist hier ein Musikstück, dessen Struktur untersucht und dessen Verlauf aufgezeichnet wird.

Beispiel: *„Mödlinger Tänze" (Ludwig van Beethoven)*  HB 5

- Die Schüler hören das Stück „Mödlinger Tänze" und beschreiben es in Taktart und Verlauf.
  → Tanz im 3/4-Takt, der aus drei Teilen besteht, die jeweils wiederholt werden; jeder Teil ist genau acht Takte lang; Form: A A B B C C

- Die Form eignet sich besonders dazu, jeden Teil beim ersten Mal mit einem vorgegebenen Standard-Rhythmus aus dem Fundus (KV 3, S. 44) zu begleiten, während bei der Wiederholung ein Solist improvisiert:

| A | A | B | B | C | C |
|---|---|---|---|---|---|
| Tutti | Solo | Tutti | Solo | Tutti | Solo |

- Die Schüler wählen drei Rhythmen (A, B, C) aus und üben ihn, am sinnvollsten in Gruppen. Es sollte dabei darauf geachtet werden, dass unterschiedliche Instrumentenfamilien zum Einsatz kommen.
- Die drei Teile werden im Plenum zusammengefügt.
- Sie werden nun so musiziert, dass bei der Wiederholung nur das vom Lehrer gespielte Metrum zu hören ist, beim nächsten Durchgang erfolgen hier die Improvisationen der Solisten.

- Es werden drei Schüler ausgewählt, die diese Improvisation ausprobieren. Hier könnten auch Stabspiele eingesetzt werden, ohne dass besondere Sorgfalt auf „richtige" Töne gelegt werden muss. Die Lautstärke sollte dem Charakter des Stückes angepasst werden.
- Es folgen mehrere Durchgänge, wenn nötig mit Korrekturen.
- Die Originalmusik wird nochmal angehört und an der Partitur (KV 5, S. 46) mitverfolgt.

**Lexikon: Die dreiteilige (Lied-)Form**
Der Verlauf einer Musik lässt sich in Abschnitte gliedern, die oft mit Buchstaben bezeichnet werden. Drei verschiedene Teile eines Stücks ergeben die Form A B C. Oftmals hat ein Stück auch die Form A B A.

# II Spielerischer Umgang mit Stabspielen

Eine ausreichende Spielpraxis auf Stabspielen eröffnet den Schülern zahlreiche Möglichkeiten, sich sinnvoll und lustbetont mit Musik zu beschäftigen, sei es über Liedbegleitung oder über das Hören, Untersuchen und Mitspielen zu Musikstücken.

**Ziele:**
- Die Schüler lernen Glockenspiele, Metallofone und Xylofone spielend kennen und erfahren dabei ihre Systematik (Instrumentenfamilien, Oktavlagen) sowie die notwendige Spieltechnik.
- Sie erproben die Instrumente durch Rhythmus-, Melodie- und Akkordspiel.

## Einteilung von Stabspielen

Die Stabspiele lassen sich dem Material entsprechend wie folgt einteilen:
- Glockenspiele (Stäbe aus Metall, für die höheren Lagen, häufig in roter, gelber oder blauer Farbe)
- Metallofone (Stäbe aus Metall, für die mittleren und tiefen Lagen, fast immer in hellgrauer bzw. silberner Einfärbung)
- Xylofone (Stäbe aus Holz oder Kunststoff, gelb oder dunkelbraun)

Die Stabspiele lassen sich nach der Oktavlage (Tonhöhe), in der sie klingen, einteilen:

| Oktavlage | Instrument | Tonumfang |
| --- | --- | --- |
| Diskantlage | Glockenspiel, diatonisch (einreihig) | $c^3-f^4$ |
| | Glockenspiel, chromatisch (zweireihig) | $c^3-fis^4$ |
| Sopranlage | Glockenspiel, diatonisch | $c^2-a^3$ |
| | Glockenspiel, chromatisch | $c^2-b^3$ |
| | Xylofon | $c^2-a^3$ |
| | Metallofon | $c^2-a^3$ |
| Altlage | Xylofon | $c^1-a^2$ |
| | Metallofon | $c^1-a^2$ |
| Basslage | Xylofon | $c-a^1$ |
| | Metallofon | $c-a^1$ |
| Kontrabass-Lage | Xylofon | C, D, E, F, G, A, H, c |

## Grundausstattung an Stabspielen

12 Diskant-Glockenspiele (tiefster Ton $c^3$), zweireihig

6 Sopran-Glockenspiele (tiefster Ton $c^2$), zweireihig

4 Alt-Xylofone (tiefster Ton $c^1$)

2 Alt-Metallofone (tiefster Ton $c^1$)

1 Bass-Xylofon (tiefster Ton c)

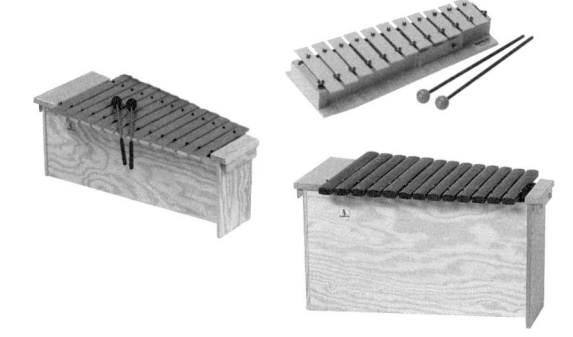

Glockenspiele werden mit Holz- oder Kunststoffschlägeln gespielt, Metallofone und Xylofone meist mit Filzschlägeln.

## Ausprobieren der Stabspiele

- Die Schüler probieren die Stabspiele aus. Dabei ist die Aufstellung der Instrumente beliebig, aber es sollte darauf geachtet werden, dass sich die tiefen Töne (= langen Stäbe) bei den Instrumenten links befinden und alle Schüler sich sehen können.
- Einzelne Schüler führen etwas vor: einen Rhythmus, eine kleine Melodie, ein Glissando (= schnelles Wischen des Schlägels über die Stäbe) o. Ä.
- Die Schüler suchen den tiefsten Ton auf ihrem Instrument und spielen ihn vor, erst einzeln, dann gemeinsam viermal in gemäßigtem Tempo.

- Der Lehrer achtet auf die korrekte Schlägelhaltung: Handrücken nach oben, Zeigefinger nicht auf Schlägel legen, federnd schlagen.
- Ein Schüler nennt einen Notennamen, spielt den Ton und lässt ihn von der ganzen Gruppe nachspielen.
- Ein Schüler lässt die anderen einen Ton suchen und spielen (z. B. „den Ton links neben dem Ton f").
- Die Schüler lesen alle Töne von tief nach hoch (= von links nach rechts) und spielen sie gemeinsam in gleichmäßigem Tempo. Der Lehrer zählt vor: „1 – 2 – 3 – und", die Schüler setzen auf der nächsten 1 ein.
- Der Lehrer lässt Töne suchen, die zweimal vorkommen, also $c^1$–$c^2$, $d^1$–$d^2$, ...
- Die Schüler stellen fest, dass es sieben verschiedene Notennamen gibt: die Stammtöne c – d – e – f – g – a – h. Wird eine Tonleiter gespielt, so ergänzt man einen 8. Ton, der aber den Namen des 1. hat.
- Die Schüler erhalten ein Blatt mit einer Tastatur (KV 6, S. 47), am besten zweireihig, die sie mit Notennamen versehen.

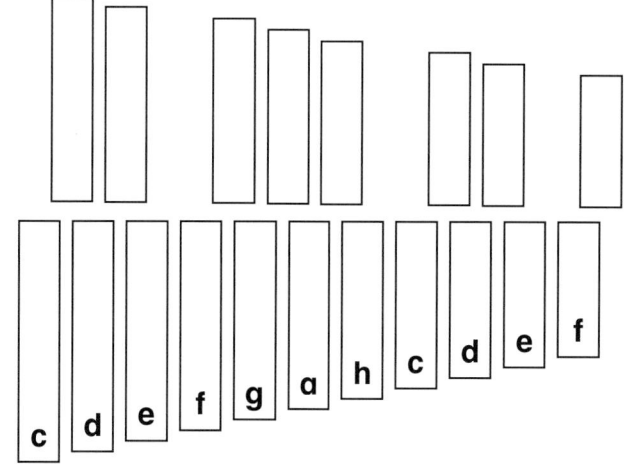

17

**Lexikon: Die Tastatur**
Die Tasten eines Klaviers, Keyboards, Akkordeons oder Stabspiels werden Tastatur genannt.

**Lexikon: Die Stammtöne**
Die weißen Tasten des Klaviers oder Keyboards heißen Stammtöne. Wir kennen sieben Stammtöne, nämlich c – d – e – f – g – a – h. Sie wiederholen sich öfter, je nach Größe des Instruments – beim Klavier mehr als sieben Mal.

# Verschiedene Übungen mit Stabspielen

## Rhythmusspiele mit Stabspielen

- Der Lehrer lässt bestimmte Töne suchen und spielen.
- Er gibt einen Rhythmus vor, den die Schüler auf dem Ton f nachspielen:

- Auf dem Ton f wird der Rhythmus mit der Silbe „da" gesungen.
- Der Rhythmus wird auf anderen Tönen gespielt und gesungen.
- Derselbe Rhythmus wird abwechselnd auf zwei benachbarten Tönen (z. B. erst f, dann e) mit einem Takt Pause dazwischen gespielt, also:

## Spielen auf Stabspielen nach Handzeichen

- Der Lehrer hält die linke Hand mit gespreizten Fingern und den Fingerkuppen nach oben sichtbar für alle Schüler in die Luft. Dem kleinen Finger (kF) entspricht der Ton c, dem Ringfinger (RF) der Ton d, dem Mittelfinger (MF) der Ton e, dem Zeigefinger (ZF) der Ton f und dem Daumen (D) der Ton g. (Hinweis: Am besten zeigt der Lehrer den Schülern den Handrücken, dann entspricht die Fingerauswahl der Tonrichtung auf den Stabinstrumenten.)
- Der Lehrer zeigt auf einen Finger, die Schüler spielen entsprechend.
- Der Lehrer zeigt nacheinander auf zwei benachbarte Finger, einzelne Schüler spielen nach.
- Der Lehrer zeigt einen Liedanfang an, der nachgespielt wird, z. B. Alle meine Entchen: c (kF) – d (RF) – e (MF) – f (ZF) – g (D) – g (D).
- Ein Schüler übernimmt die Lehrerrolle.
- Um weitere Töne zu verwenden, kann nun die Fingerbedeutung verändert werden: kF = g, RF = a, MF = h, ZF = c, D = d.

# Gehörspiele mit Stabspielen

- Der Lehrer gibt einen Anfangston vor (z. B. d) und spielt eine Tonfolge:

- Die Schüler singen die Tonfolge auf der Silbe „na" nach und zeigen die Tonhöhen mit der Hand an, dann spielen sie diese.
- Falls Schwierigkeiten auftreten, kann ein Schüler die Tonfolge vorspielen und dabei ggf. die Namen der Töne nennen.
- Dieses Melodiespiel kann beliebig ausgeweitet werden, auch unter Anleitung einzelner Schüler: Tonfolgen aufwärts oder abwärts, Tonleiterausschnitte, Überspringen von Nachbartönen, also z. B. e – g – f – e.
- Der Lehrer spielt einen Dreiklang und nennt dessen Anfangston (z. B. c). Es erklingt: c – e – g.
- Die Schüler suchen die Töne und spielen sie nach.
- Dies wird mit weiteren Tönen wiederholt (z. B. auf Ton d: d – f – a). Gespielt werden immer die Stammtöne, also c – d – e – f – g – a – h.
- Die Schüler erkennen Gemeinsamkeiten: Es wird immer ein Ton übersprungen. → Die 1., 3. und 5. Töne einer Tonleiter ergeben einen Dreiklang.
- Die Schüler üben in Partnerarbeit das Spielen von Dreiklängen von verschiedenen Tönen aus, auch abwärts, also z. B. d – h – g.
- Der Lehrer lässt die Dreiklangstöne simultan spielen: Alle drei Töne erklingen gleichzeitig. Dazu ist eine Einteilung der Schüler notwendig, da jeder Schüler nur einen Ton spielt. Der beste Klang wird erzielt, wenn die tiefsten Instrumente jeweils auch den tiefsten Dreiklangston spielen (z. B. Xylofone: tiefster Ton, Metallofone: mittlerer Ton, Glockenspiele: höchster Ton).

# III Begleiten von Liedern auf Stabspielen

Lieder im Klassenverband zu begleiten, kann sich auf das Singen besonders anregend auswirken. Die Schüler erhalten hier die Gelegenheit, je nach ihren individuellen Fähigkeiten bestimmte instrumentale Aufgaben zu übernehmen.
Oftmals fehlen ihnen jedoch die Möglichkeiten, einen einfachen Einstieg in die Praxis der Liedbegleitung zu finden.
Hier wird deshalb in kleinen Schritten zur erfolgreichen Arbeit mit Xylofonen, Metallofonen und Glockenspielen angeleitet.

**Ziele:**
- Die Schüler lernen Glockenspiele, Metallofone und Xylofone spielend kennen und erfahren dabei ihre Systematik (Instrumentenfamilien, Oktavlagen) sowie die notwendige Spieltechnik.
- Sie erproben die Instrumente durch Rhythmus-, Melodie- und Akkordspiel.

## Volltakt und Auftakt unterscheiden

### „Old MacDonald had a farm" (KV 7, S. 48)  HB 6

- Die Schüler singen das Lied „Old MacDonald had a farm".
- Der Lehrer zeigt das Notenbild der 1. Zeile (KV 7, S. 48), die Schüler sprechen den Text rhythmisch und klatschen die betonten Silben.
- Der Lehrer erinnert an die Bedeutung des Taktstrichs als Betonungszeichen und lässt die fehlenden Taktstriche ergänzen. Es ergibt sich ein 4/4-Takt (mögliche Alternative: 2/4-Takt). Die erste Silbe ist betont.

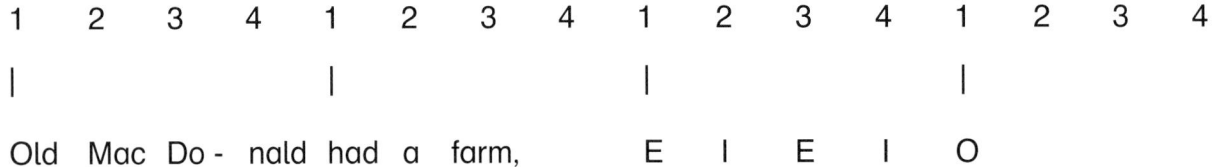

### „Paule Puhmanns Paddelboot" (KV 8, S. 49)  HB 7

Manche Lieder beginnen mit einem sogenannten Auftakt (d. h. der 1. Ton erfolgt nicht auf die 1. Zählzeit). Der Auftakt wird in der Regel nicht begleitet.

- Die Schüler singen das Lied „Paule Puhmanns Paddelboot".
- Sie sprechen den Text rhythmisch und klatschen die Schwerpunkte.
- Im Notenbild werden die Taktstriche ergänzt.

- Beide Liedanfänge werden verglichen:

  | Old Mac Do - nald | had …

  In | Pau - le Puh - manns | Pad …

- Die Schüler stellen fest, dass das erste Lied auf der betonten 1. Zählzeit und das zweite auf der unbetonten 4. Zählzeit beginnt.

**Lexikon: Volltakt und Auftakt**
Werden die erste Silbe oder der erste Ton betont, so beginnt das Lied mit einem Volltakt. Bleiben die erste Silbe oder der erste Ton unbetont, so beginnt es mit einem Auftakt.

## Lieder mit Grundtönen begleiten

Die über der Melodie stehenden Großbuchstaben bedeuten zunächst einmal Einzelnoten. Diese können an den betreffenden Stellen zur Melodie dazu gespielt werden. Überall dort, wo kein Buchstabe steht, wird der vorhergehende gespielt. Denkbar wäre also:

Möglicherweise ist in diesem Fall die Begleitung etwas zu stark betont. Abhilfe schafft die Variante, bei der die Begleittöne nur auf der 1. und 3. Zählzeit musiziert werden:

Die Begleitung für die Schüler sieht dann so aus:

| 1 | 2 | 3 | 4 | 1 | 2 | 3 | 4 | 1 | 2 | 3 | 4 | 1 | 2 | 3 | 4 |
|---|---|---|---|---|---|---|---|---|---|---|---|---|---|---|---|
| g |   | g |   | c |   | g |   | g |   | d |   | g |   | g |   |

21

# „Kinder, jetzt ist Faschingszeit" (KV 9, S. 50)   HB 8, 9

Als Alternative für die faschingslose Zeit kann der Text „Schön ist ein Zylinderhut" verwendet werden (siehe KV 9, S. 50).

## Erarbeiten der Melodie

- Die Schüler erzählen von ihrer letzten Faschingsparty.
- Der Lehrer spricht den Text der 1. Strophe rhythmisch vor, die Schüler wiederholen zeilenweise.
- Ggf. wird das Playback angehört.
- Der Lehrer singt den Refrain vor, die Schüler singen nach.
- Der Lehrer singt die Strophe (ggf. zum Playback), die Schüler ergänzen mit dem Refrain.
- Die Klasse singt gemeinsam das Lied (evtl. mit weiteren Strophen - siehe z.B. Internet).

## Begleiten des Refrains mit Grundtönen

Obwohl nun Instrumente benutzt werden, mit denen man unterschiedliche Tonhöhen spielen kann, wird hier noch auf eine systematische Einführung in deren Benutzung verzichtet. Da die Namen der zu spielenden Töne in der Regel auf den Instrumenten verzeichnet sind, ist dies für eine Begleitung mit Grundtönen ausreichend. Es wird außerdem nur zum Refrain musiziert.
Für dieses Lied bieten sich zwei Varianten an: Entweder wird jeweils auf der 1. Zählzeit pro Takt musiziert oder auf der 1. und 2. Zählzeit. Im zweiten Fall würde die Begleitung bei schnellem Tempo etwas überladen wirken. Daher wird hier die 1. Variante vorgestellt.

- Die Schüler klatschen zum Lied (ggf. zum Playback) das Metrum.

usw.

- Der Lehrer zeigt den Schülern die Raster-Notation des Refrains (KV 9, S. 50 unten) und erläutert den Umgang damit: Vor Beginn des Mitspielens sind 4 Metrumschläge zu hören, die das Tempo vorgeben. Die Zahlen bedeuten die Metrumschläge; im 2/4-Takt wird 1 – 2 gezählt.
- Die Buchstaben bedeuten die zu spielenden Töne.

Vorlauf:

| 1 | 2 | 1 | 2 |
|---|---|---|---|

Refrain:

| 1 | 2 | 1 | 2 | 1 | 2 | 1 | 2 | 1 | 2 | 1 | 2 | 1 | 2 | 1 | 2 |
|---|---|---|---|---|---|---|---|---|---|---|---|---|---|---|---|
| f |   | f |   | c |   | f |   | f |   | f |   | c |   | f |   |

- Ggf. wird die langsam eingespielte Bassstimme des Refrains angehört und der Verlauf mitgezeigt.
- Die Schüler überlegen, welche Instrumente am ehesten geeignet sind, die Bassstimme zu musizieren. → Ergebnis: Bass-Xylofon, Bass-Metallofon, Boomwhackers mit Basskappen, Keyboard und Klavier in tiefer Lage, notfalls auch Stabspiele in Altlage.
- Die Bassstimme wird im Plenum geübt, wobei ein Schüler den Verlauf mitzeigen sollte.
- Einzelne Schüler, später alle, spielen zur langsam eingespielten Bassstimme.
- Die Strophen werden von allen Schülern gesungen, der Refrain wird von einer Teilgruppe (zum Playback) musiziert.

> **Lexikon: Der Grundton**
> Über den meisten Liedmelodien stehen an bestimmten Stellen Buchstaben, die als Grundtöne für die Liedbegleitung benutzt werden können.

# „Wenn der Elefant in die Disco geht" (KV 10, S. 51)    HB 10, 11

## Erarbeiten der Melodie

- Der Lehrer spielt die erste Zeile des Refrains auf einem Instrument vor.
- Er singt diese Zeile auf die Tonsilbe „no", die Schüler singen nach.
- Lehrer: „So beginnt unser Disco-Lied. Hört mal, wie es weitergeht!"
- Der Text wird vorgelesen.
- Die Schüler sprechen über den seltsamen Disco-Besucher.
- Der Refrain wird durch Vor- und Nachsingen erarbeitet.
- Der Lehrer singt die Strophe, die Schüler ergänzen den Refrain.
- Das Lied wird gesungen, ggf. zum Playback (evtl. mit weiteren Strophen - siehe z.B. Internet).

## Begleiten des Liedes mit Grundtönen

Bei diesem Lied ist eine Begleitung auf der ersten und dritten Zählzeit vorgesehen, musiziert wird zum Refrain. Der Vorlauf beträgt zwei Takte mit acht Metrumschlägen.
Die Bassstimme lautet in Raster-Notation mit Buchstaben:

Vorlauf:

| 1 | 2 | 3 | 4 | 1 | 2 | 3 | 4 |
|---|---|---|---|---|---|---|---|

Refrain:

| 1 | 2 | 3 | 4 | 1 | 2 | 3 | 4 | 1 | 2 | 3 | 4 | 1 | 2 | 3 | 4 |
|---|---|---|---|---|---|---|---|---|---|---|---|---|---|---|---|
| g |   | g |   | c |   | c |   | c |   | c |   | g |   | g |   |

- Die Schüler betrachten die Raster-Notation (KV 10, S. 51 unten) und markieren die Töne mit Farben.
- Bei einem Musizieren in drei Gruppen (g, d, c) werden farbige Karten ausgegeben, damit sich die Schüler leichter zuordnen können.
- Der Lehrer gibt acht Metrumschläge vor und lässt den Refrain spielen.
- Dies wird mehrfach wiederholt, auch durch einzelne Schüler und durch Anzeigen des Verlaufs.
- Eine Schülergruppe singt den Refrain, die anderen begleiten ihn mit Grundtönen.
- Ggf. wird die langsam eingespielte Bassstimme angehört, ein Schüler zeigt den Verlauf mit.
- Alle Strophen sowie der Refrain werden gesungen und die Bassstimme ggf. zum Playback mitgespielt.

# „My bonnie is over the ocean" (KV 11, S. 52)   HB 12, 13

## Erarbeiten der Melodie

- Das Playback wird angehört, alternativ wird das Lied vom Lehrer vorgesungen.
- Die Schüler stampfen (im Stehen) die Schwerpunkte, abwechselnd mit dem linken und rechten Fuß. Dabei schwingen sie den Körper mit.
- Im Sitzen patschen sie auf die 1. Zählzeit und klatschen auf die 2. und 3. Zählzeit:

usw.

- Die erste Strophe und der Refrain werden durch zeilenweises Vor- und Nachsingen gelernt.
- Der Lehrer singt die weiteren Strophen, die Schüler übernehmen den Refrain.
- Eine Schülergruppe überträgt den Rhythmus auf die Handtrommel (1. ZZ) und Klanghölzer (2. u. 3. ZZ), die übrigen Schüler singen den Text zum Playback.

## Begleiten des Liedes mit Grundtönen

Die Begleitung erfolgt in Anlehnung an den erarbeiteten Grundrhythmus. Im Vorlauf sind sechs Metrumschläge zu hören, die das Tempo vorgeben. Es wird zum Refrain mit Grundtönen musiziert, die ein wenig rhythmisiert sind.
Die Notation der Bassstimme in Raster-Notation mit Buchstaben lautet:

Vorlauf:

| 1 | 2 | 3 | 1 | 2 | 3 |
|---|---|---|---|---|---|

Refrain:

| 1 | 2  | 3 | 1 | 2  | 3 | 1 | 2  | 3 | 1 | 2  | 3 |
|---|----|---|---|----|---|---|----|---|---|----|---|
| g | gg | g | g | gg | g | c | cc | c | c | cc | c |

- Der Lehrer erinnert an den Grundrhythmus, mit dem das Lied begleitet wurde.
- Die Schüler identifizieren den Rhythmus in der Bassstimme und spielen den ersten und zweiten Takt, einzeln und gemeinsam.
- Die Schüler betrachten die Raster-Notation (KV 11, S. 52 unten) und markieren die Töne mit Farben (g = dunkelgrün, c = rot, d = orange).
- Die Bassstimme wird in einer oder drei Gruppen geübt.
- Die Schüler spielen ggf. zur langsam eingespielten Bassstimme mit. (Hinweis: 6 Metrumschläge im Vorlauf!)
- Die Klasse singt die Strophen und spielt die Bassstimme des Refrains (zum Playback) mit.

# Lieder mit Dreiklängen begleiten

Viele Lieder lassen sich bei entsprechender Anleitung durch den Lehrer auch mit Dreiklängen begleiten. Ein Dreiklang besteht aus dem ersten, dritten und fünften Ton einer Tonleiter. Der Grundton ist der erste Ton einer Tonleiter sowie eines Dreiklangs. Die wesentlichen Dreiklänge sind in der folgenden Tabelle zusammengefasst. In der untersten Zeile sind die Buchstaben aufgelistet, die über den Melodien stehen. Für die kursiv gedruckten Buchstaben werden Zusatzstäbe für Stabspiele bzw. weitere Boomwhackers benötigt.

| 5. Ton    | g | a   | h   | c | d | e   | f | fis | a | h | d  | e  |
| --------- | - | --- | --- | - | - | --- | - | --- | - | - | -- | -- |
| 3. Ton    | e | fis | gis | a | h | cis | d | dis | f | g | b  | c  |
| 1. Ton    | c | d   | e   | f | g | a   | b | h   | d | e | g  | a  |
| Buchstabe | C | D   | E   | F | G | A   | B | H   | Dm| Em| Gm | Am |

Beispiel: „Guten Morgen, der Frühling ist da" (KV 14, S. 55):

Für die Liedbegleitung werden die Dreiklangstöne auf C, F und G benötigt. Sie finden sich in der ersten, vierten und fünften Spalte der Tabelle.

g        c        d
e        a        h
c        f        g

Das Lied ist harmonisch so gestaltet, dass diese drei Dreiklänge in genau dieser Reihenfolge viermal pro Strophe gespielt werden können.

## Lied im 3/4-Takt mit Volltaktbeginn: „Heut kommt der Hans zu mir" (KV 12, S. 53)

HB 14, 15

### Erarbeiten der Melodie

- Die Schüler sprechen verschiedene Zungenbrecher (z. B. „Fischers Fritz fischt frische Fische").
- Lehrer: „Ein ähnlicher Zungenbrecher ist das Lied vom Hans und der Lies".
- Der Lehrer spricht den Text des Liedes langsam vor, die Schüler sprechen nach.
- Die Schüler üben, den Text in verschiedenen Tempi zu sprechen.
- Der Lehrer singt die 1. Zeile vor, die Schüler singen nach.
- Ähnlich wird mit der 2. und 3. Zeile verfahren.
- Alternativ wird das Playback von der CD angehört.
- Zur Sicherung wird das Lied zusammen mit der CD gesungen.

### Begleiten des Liedes mit Dreiklängen

Da es sich bei dem Lied um einen dreistimmigen Kanon handelt, sind alle drei Zeilen harmonisch identisch und können mit denselben Dreiklängen begleitet werden. Als Grundrhythmus wird vorgeschlagen, die Melodie auf der 1. Zählzeit jedes Taktes zu begleiten.

- Die Schüler betrachten das Begleitmodell (KV 12, S. 53 unten) und erkennen, dass zum Musizieren zwei Dreiklänge notwendig sind.
- Der Lehrer bildet zwei Gruppen und verteilt Kärtchen (KV 13, S. 54).
  - Gruppe „f – a – c": Alle Spieler dieser Gruppe finden auf der Vorderseite das Bild eines Affen und auf der Rückseite einen der drei Buchstaben f – a – c.
  - „Gruppe c – e – g": Alle Spieler dieser Gruppe finden auf der Vorderseite das Bild eines Löwen und auf der Rückseite einen der Buchstaben c – e – g.
- Der tiefste Ton (f bzw. c) ist besonders gekennzeichnet und wird von einem Instrument mit möglichst tiefem Ton gespielt.

Vorlauf:

| 1 | 2 | 3 | 1 | 2 | 3 |
|---|---|---|---|---|---|

Lied:

| 1 2 3 | 1 2 3 | 1 2 3 | 1 2 3 |
|---|---|---|---|
| c | g | g | c |
| a | e | e | a |
| f | c | c | f |
| Affe | Löwe | Löwe | Affe |

- Glockenspiele, Metallofone, Xylofone und Boomwhackers werden verteilt, Klavier und Keyboard, wenn vorhanden, einbezogen.
- Der Lehrer vergewissert sich noch einmal, dass jeder Schüler genau weiß, zu welcher Gruppe er gehört und welchen Ton er spielen soll.
- Er lässt jeden Dreiklang einige Male anspielen.
- Ggf. hören die Schüler die langsam eingespielte Dreiklangsbegleitung.
- Der Lehrer weist auf den zweitaktigen Vorlauf hin und lässt einen Schüler am Notenbild mitzeigen.
- Bei der Wiederholung klatschen die Schüler den Grundrhythmus dazu.
- Nach dem Einzählen durch den Lehrer wird die Dreiklangsfolge einmal gespielt – kurze Unterbrechung und mehrfache Wiederholung.
- Die Schüler hören nochmal das Playback und stellen fest, dass die Melodie länger ist als der Begleitsatz. Der Lehrer erklärt, dass genau dreimal dasselbe gespielt werden muss.
- Die Begleitung wird zum Playback gespielt.
- Das Lied wird gesungen und begleitet.

### Spielübungen zum Dreiklang

- Der Lehrer schreibt die Notennamen f – a – c an die Tafel.
- Die Schüler suchen die Töne auf ihren Instrumenten und spielen sie.
- Sie markieren die drei Töne auf den Stabspielen.
- Die Töne werden nacheinander und gleichzeitig gespielt.
- Der Lehrer schreibt nun die Notennamen g – h – d an die Tafel.
- Die Schüler spielen auch diese Tonfolge.
- Sie vergleichen f – a – c mit g – h – d und stellen fest, dass in beiden Fällen immer ein Zwischenton ausgelassen wird.
- Die Schüler suchen und spielen weitere Tonfolgen nach diesem Muster.
- Der Lehrer benennt eine Folge von drei Tönen mit diesen Abständen als Dreiklang.

**Lexikon: Der Dreiklang**
Werden der erste, dritte und fünfte Ton (oder der zweite, vierte und sechste usw.) einer Tonleiter gespielt, so erhält man einen Dreiklang. Die Töne können nacheinander oder auch gleichzeitig gespielt werden.

## Lied im 3/4-Takt mit Auftaktbeginn: „Guten Morgen, der Frühling ist da" (KV 14, S.55)

HB 16, 17

### Erarbeiten der Melodie

- Die Schüler wiederholen die Namen der Jahreszeiten und der Tageszeiten.
- Lehrer: „Überlegt, wovon das Morgenlied, das ich euch jetzt vorstelle, in Wirklichkeit handelt."
  → vom Frühling
- Der Lehrer spielt oder singt das Lied vor. Das Original erklingt in A-Dur und eignet sich gut zum Einsingen. Der Begleitsatz hingegen steht aufgrund der leichteren Spielbarkeit in C-Dur. Die „hellere" Tonart kommt dann der Kinderstimme zugute.
- Die Schüler sprechen über den Frühling.
- Der Lehrer und die Schüler sprechen den Text zeilenweise rhythmisch im Wechsel.
- Die Playback-Fassung wird ggf. angehört.
- Durch zeilenweises Vor- und Nachsingen wird das Lied geübt.
- Das Lied wird zum Playback gesungen (evtl. mit weiteren Strophen - siehe z.B. Internet).

### Begleiten des Liedes mit Dreiklängen

Auch in diesem Fall handelt es sich um ein Lied, das harmonisch in allen vier Zeilen gleich ist und mit den Dreiklängen auf C, F und G begleitet werden kann.
Zu beachten ist allerdings, dass es sich um ein Auftaktlied handelt und die Melodie auf der 4. Zählzeit des vorangehenden Taktes anfängt, während die Begleitung auf der nächsten 1. Zählzeit beginnt.
Die Sänger müssen also fünf Metrumschläge abwarten, die Spieler sechs Metrumschläge (= 2 Takte). Die Begleitung wird in jedem Takt auf die 1. Zählzeit gespielt. Die Dreiklangsbegleitung sieht demnach so aus:

Vorlauf:

| 1 | 2 | 3 | 1 | 2 | 3 |
|---|---|---|---|---|---|
|   |   |   |   |   |   |

Sänger

Lied:

| 1 | 2 | 3 | 1 | 2 | 3 | 1 | 2 | 3 | 1 | 2 | 3 |
|---|---|---|---|---|---|---|---|---|---|---|---|
| g |   |   | c |   |   | d |   |   | g |   |   |
| e |   |   | a |   |   | h |   |   | e |   |   |
| c |   |   | f |   |   | g |   |   | c |   |   |

Spieler

- Die Schüler betrachten das Notenbild der Begleitung (KV 14, S. 55 unten) und stellen fest: Es werden drei Gruppen für drei Dreiklänge gebraucht, eine Gruppe spielt ihren Dreiklang zweimal.
- Die Bild- oder Namenkarten für die Dreiklänge werden ausgeteilt.
- Die Gruppen üben mit Instrumenten (Glockenspiele, Metallofone, Xylofone, Boomwhackers, ...) ihren Dreiklang.
- Der Lehrer lässt jeden Akkord ein paar Mal anspielen, wobei er vorzählt und das Tempo angibt: „1 – 2 – 3 – 1 – 2 – und" (Einsatz).
- Die Schüler spielen die Dreiklangsfolge einmal durch.
- Die langsam eingespielte Begleitung wird angehört, ein Schüler kann am Notenbild mitzeigen.
- Die gesamte Begleitung wird gespielt, d. h. viermal für eine Strophe.
- Die Schüler werden in eine Singgruppe und eine Musiziergruppe eingeteilt und das Lied wird gemeinsam aufgeführt.
- Ggf. kann zur Playback-Fassung gesungen und gespielt werden.

# IV Spielen nach melodischer Notation auf Stabspielen

Notation generell und melodische Notation insbesondere erscheint Schülern nur dann sinnvoll, wenn sie in einem Anwendungsbezug steht. Das setzt voraus, dass schon das Erlernen der Notation über das Musizieren auf Instrumenten mit einer Tastatur eingeleitet wird.

**Ziele:**
- Die Schüler lernen über das Spielen auf Stabspielen die melodische Notation kennen und anzuwenden.

## Spielen mit Linien und Zwischenräumen

- Der Lehrer zeigt eine zweireihige Glockenspiel-Tastatur (KV 6, S. 47) als Folie.
- Die Schüler beschriften die untere Reihe mit den Stammtönen c – d – e – f – g – a – h.
- Der Lehrer dreht die Tastatur um 90° entgegen dem Uhrzeigersinn und lässt die Tasten erneut beschriften.
- Der Lehrer zeigt auf einzelne Tasten, deren Töne von den Schülern auf Stabspielen gespielt werden. (Bei genügend Instrumenten spielen alle Schüler, sonst nur einige im Wechsel).
- Der Lehrer zeichnet in der Verlängerung der Taste $e^1$ einen waagerechten Strich nach rechts und schreibt darauf den Buchstaben e.
- Die Schüler nennen den Ton und spielen ihn.
- Der Lehrer zeichnet eine entsprechende Linie in Höhe der Taste $g^1$.
- Die Schüler spielen im Wechsel und nach Anzeige die Töne g und e.
- Der Lehrer setzt ein Fragezeichen in den Zwischenraum beider Linien.
- Die Schüler suchen und finden die Taste bzw. den Ton f und spielen ihn.
- Der Lehrer ergänzt die restlichen drei Linien.

- Er zeigt nun die vorbereitete Folie (KV 15, S. 56) mit der Kombination von Tastatur und Notensystem.
- Die Schüler erhalten dies als Arbeitsblatt und tragen alle Buchstabennoten – von $d^1$ (unter der ersten Linie) bis $g^2$ (über der 5. Linie) in das Notensystem ein. (Hinweis: Für höhere oder tiefere Töne gibt es Hilfslinien.)
- Alternativ wird eine Tapetenrolle mit aufgezeichneter Tastatur und Notensystem ausgelegt. Die Schüler können so noch einmal ganz konkret erfahren, dass die Note g genau dort liegt, wenn sie sich auf die 2. Linie von unten stellen.

## Lexikon: Noten auf Linien und in Zwischenräumen

Noten werden auf Linien und in Zwischenräume zwischen zwei Linien geschrieben. Unser Notensystem hat 5 Linien und 4 Zwischenräume. Gezählt wird von unten nach oben.

## Lexikon: Die melodische Notation

Werden Töne als Noten in das Fünf-Linien-System geschrieben, so nennt man diese Schreibweise melodische Notation.

# Spielen mit Notenwörtern

- Der Lehrer schreibt ein Notenwort an die Tafel, z. B. a f f e. Impuls: „Dies ist ein Wort, das man mit Instrumenten spielen kann. Wer kennt andere Notenwörter?" (Tipp: Benutzt die Vokale a und e sowie die Konsonanten c – d – f – g – h!)
- Die Schüler suchen in Partnerarbeit nach Notenwörtern, schreiben sie auf und spielen sie. Bekannte Notenwörter sind: ach, ade, aha, Dach, Fach, chachacha, Chef, gehe, Hefe, Ehe, fege, …
- Ratespiel: Ein Schüler spielt sein Notenwort vor und nennt den ersten oder zweiten Buchstaben, die anderen raten (Strategie: Anzahl der gespielten Buchstaben zählen, auf Wiederholung von Tönen achten; Beispiel: 3 Buchstaben, Anfangs- und Endton gleich = aha).
- Der Lehrer kreist die Buchstaben im Notensystem (KV 15, S. 56) ein, z. B. g.
- Bei einigen Kreisen lässt der Lehrer die Buchstaben weg, die Schüler ergänzen.

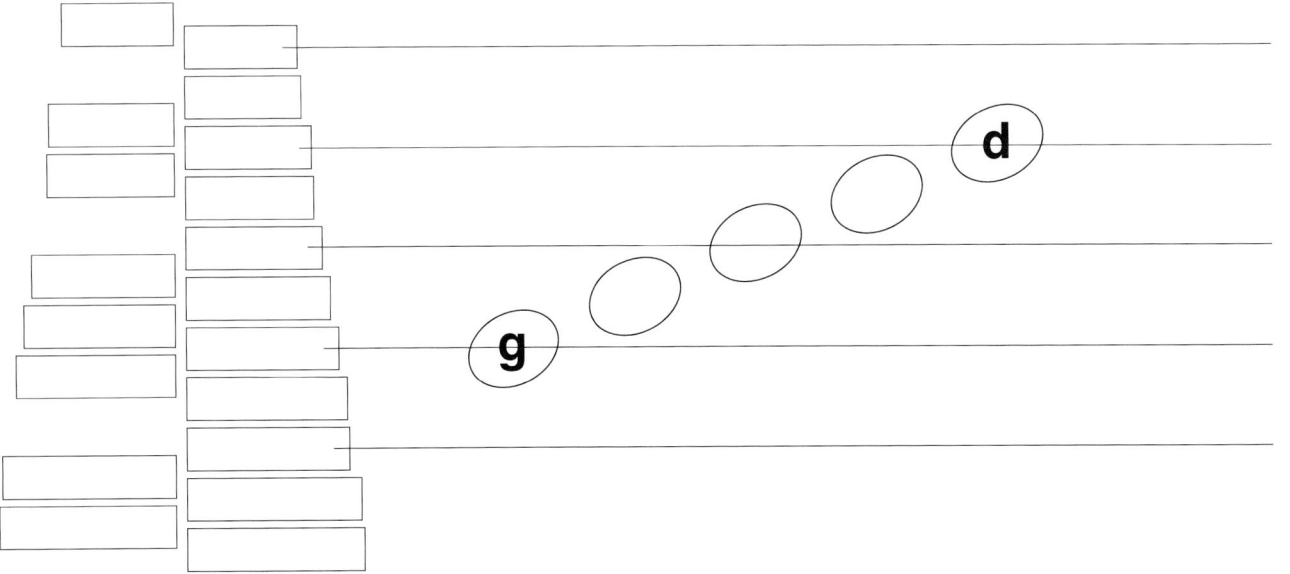

- Die Schüler schreiben die Buchstaben der Töne in die Kreise.
- Sie wiederholen dies, ohne die Buchstaben hinzuzunehmen.
- Noch ein Ratespiel: Die als Noten geschriebenen Wörter sind zu identifizieren, z. B.:

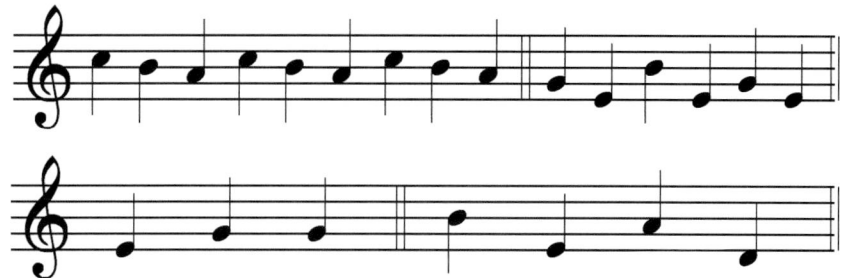

# Einführung des Violin- und Bassschlüssels

## Der G-(Violin-)Schlüssel

Der G-Schlüssel sollte erst dann eingeführt werden, wenn die Schüler den Umgang mit dem kombinierten Tastatur-Notensystem gewohnt sind.

- Die Folie mit kombiniertem Tastatur-Notensystem (KV 15, S. 56) wird aufgelegt.
- Der Lehrer zeigt auf eine Taste, lässt sie benennen und den Ton spielen.
- Dies wird mit anderen Tönen wiederholt.
- Der Lehrer deckt die Tastatur ab und wiederholt die vorherigen Aufgaben.
- Lehrer: „Zur besseren Orientierung schreibt man auf die 2. (g-)Linie einen sog. Notenschlüssel, der auch G-Schlüssel genannt wird. Von dem Ton g aus lassen sich alle anderen Noten bestimmen, wenn die Lage der Töne zueinander bekannt ist."
- Der Lehrer malt einen G-Schlüssel, beginnend auf der g-Linie, an die Tafel.
- Die Schüler üben, den Schlüssel zu schreiben.

 **Lexikon: G-Schlüssel**
Der G-Schlüssel (= Violinschlüssel) nimmt seinen Anfang mit einem kleinen Punkt (Note) auf der 2. (g-)Linie. Er wird für Töne benutzt, die hoch oder mittelhoch sind.

## Der F-(Bass-)Schlüssel für die tiefen Töne

- Die Schüler wiederholen die Töne der Tonleiter, und zwar von Ton g aus und abwärts: g – f – e – d – c – h – a – g – f …
- Sie spielen die Töne auf einem Alt-Xylofon und stellen fest, dass das Instrument beim Ton c endet. Impuls: „Wie können die Töne trotzdem gespielt werden?"
- Der Lehrer stellt ein Bass-Xylofon zur Verfügung und die Schüler probieren, die Tonfolge zu verlängern. Sie stellen fest, dass der tiefste Ton auf dem Alt-Xylofon und der höchste Ton auf dem Bass-Xylofon identisch sind. Beide werden mit $c^1$ bezeichnet.
- In das Notensystem wird ein G-Schlüssel gemalt und die Töne von g aus abwärts aufgeschrieben. Die Schüler kennen die Noten bis zum $c^1$.

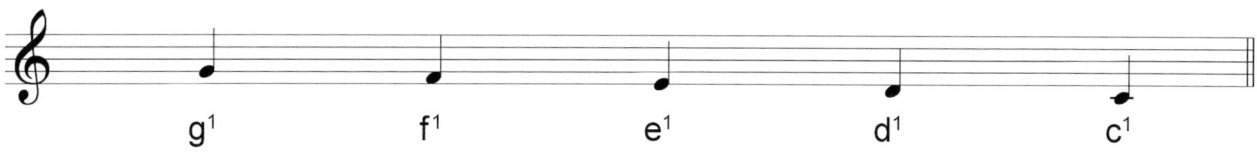

- Sie wissen, dass der tiefste Ton c¹ heißt, aber nach dem c¹ das h, a, g, … kommt.
- Sie schreiben die Noten in das untere System, abwechselnd auf die Linien und in die Zwischenräume und erhalten die Tonreihe für das Basstöne.
- Der Bassschlüssel, beginnend auf der 4. Linie, umschreibt mit seinen beiden Punkten den Ton f.

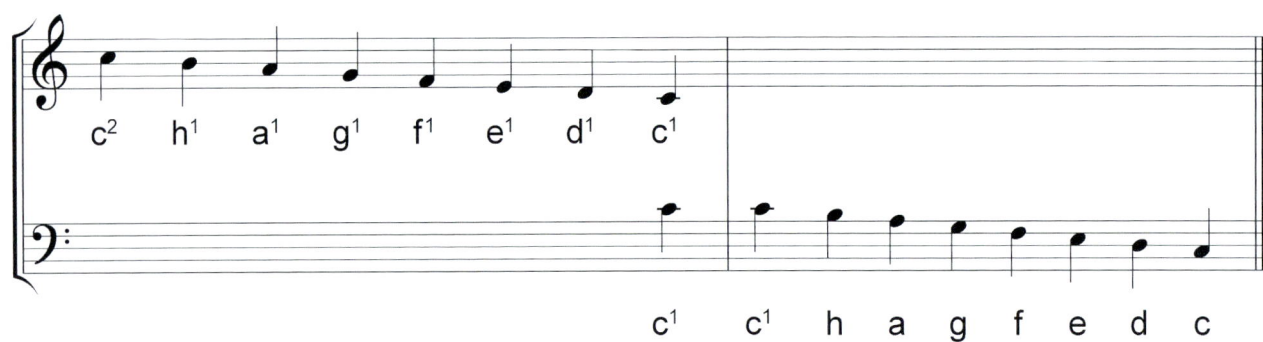

 **Lexikon: Der F-Schlüssel**
Für die Töne der tieferen Instrumente gibt es den sog. F-Schlüssel (= Bassschlüssel). Er nimmt seinen Anfang auf der 4. Linie, die von zwei Punkten umgeben ist und auf der der Ton f steht.

# Erarbeiten von Melodieanfängen

## Das Tonhöhendomino

Mit den Dominokarten (KV 16 und 17, S. 57 f.) kann der Zusammenhang zwischen den Notennamen und der melodischen Notation nochmal spielerisch geübt werden.
Wenn die Schüler die Dominokarten richtig aneinanderlegen, erhalten sie die Liedanfänge zu „Old MacDonald had a farm" und „Bruder Jakob".
Anschließend werden die Liedanfänge an einem Stabspiel ausprobiert und die Namen der Lieder erraten.

Das Musizieren von Liedanfängen dient gleichermaßen der Einübung des melodischen Spiels auf Stabspielen, dem Auflockern des Singens durch Vor-, Zwischen- oder Nachspiele sowie dazu, dem Lied so eine besondere Gestalt zu verleihen.

## „Ihr Kinderlein kommet" (KV 18, S. 59)

HB 18

- Die Schüler singen das ihnen vermutlich bekannte Lied „Ihr Kinderlein kommet".
- Sie erhalten den Liedanfang (KV 18, S. 59 unten), benennen die Töne und suchen sie auf ihren Instrumenten.

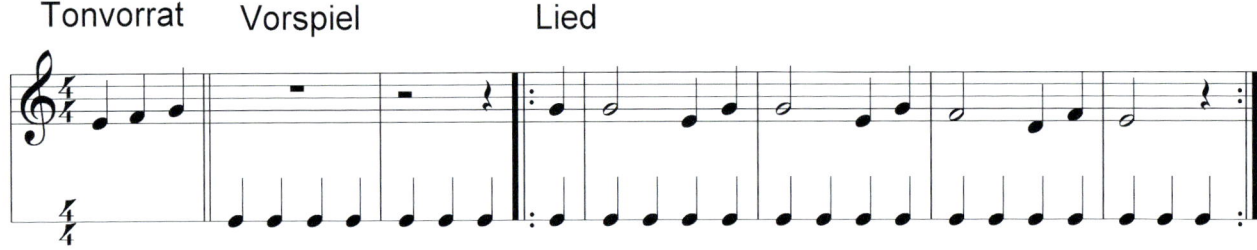

- Die langsam eingespielte Melodiestimme wird ggf. angehört. Die Metrumstimme sorgt dafür, dass die Melodie in angemessenem Tempo und rhythmisch korrekt gespielt wird.
- Am Notenbild wird die Melodie (ggf. zur CD) mitgezeigt.
- Der Liedanfang wird geübt, mit oder ohne CD.
- Die Schüler überlegen, wie der Liedanfang als instrumentale Einleitung o. Ä. eingesetzt werden kann.
- → Vorschlag: Liedanfang als instrumentales Vorspiel (V), Singen der Strophen, Liedanfang als Nachspiel (N)

## „Der Hahn ist tot" (KV 19, S. 60)     HB 19

- Das Lied „Der Hahn ist tot" wird gesungen.
- Der Liedanfang (KV 19, S. 60) mit der unterlegten Metrumstimme wird betrachtet.

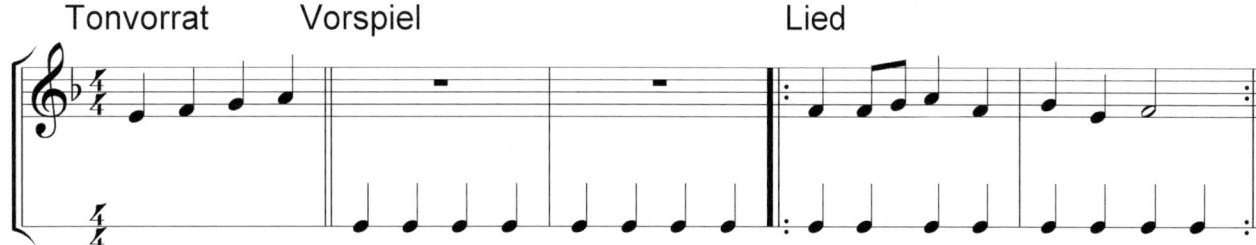

- Der langsam eingespielte Liedanfang wird ggf. angehört.
- Das Lied wird (zur CD) geübt.
- Die Schüler überlegen, wann der Liedanfang gespielt werden kann.
- → Vorschlag: als Vor- und Nachspiel; alternativ: zusätzlich zum gesamten Lied, da es sich um einen Kanon handelt

## „Das Pizzalied" (KV 20, S. 61)     HB 20, 21

- Die Schüler singen „Das Pizzalied", ggf. zur CD.
- Der Lehrer lässt die Notennamen des Liedanfangs wiederholen.
- Die Schüler klatschen den Melodierhythmus zum dazu gespielten Metrum.

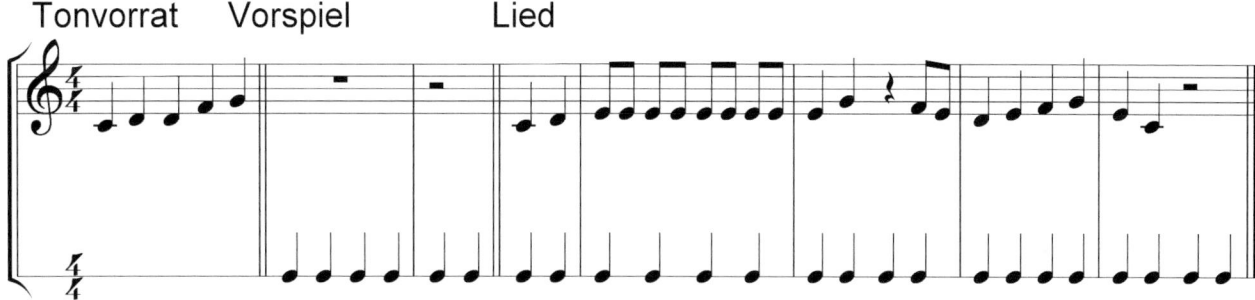

- Die Schüler üben den Melodieanfang (KV 20, S. 61 unten) in Partnerarbeit und ergänzen das Metrum mit einem Rhythmusinstrument, z. B. mit Klanghölzern.
- Sie hören sich die langsam eingespielte Stimme von der CD an.
- Der Liedanfang wird gemeinsam musiziert.
- Das Lied wird nach Vorschlägen der Schüler gestaltet.
- → Vorschlag: instrumentales Vorspiel – Singen der beiden Strophen – instrumentales Nachspiel

*Weitere Beispiele zum Üben von Liedanfängen sind auf KV 21 (S. 62) aufgeführt.*

# Spiele mit Tönen und Melodien

## Arbeit mit Motiven

Das Musizieren kleiner Melodien soll den Schülern allmählich mehr Sicherheit im Umgang mit Instrumenten und Noten geben.

- Der Lehrer verteilt ein Arbeitsblatt (KV 22, S. 63) mit sechs kleinen Melodien (= Motiven).
- Die Schüler benennen die Noten.
- Sie üben die Motive in Einzel- oder Partnerarbeit mit Stabspielen.
- Die geübten Melodien werden vorgespielt.
- Die Schüler setzen mehrere Motive zu einem kleinen Musikstück zusammen.
- Die verschiedenen Ergebnisse werden vorgespielt.
- Sie erfinden Texte dazu und schreiben sie auf.
- Ggf. können die Musikstücke gesungen und gespielt werden.

**Lexikon: Das Motiv**
Eine Folge von Tönen, die zusammen eine kleine Melodie ergeben, wird Motiv genannt.

## Erfinden und Spielen kleiner Melodien

Schüler können kleine Melodien selbst erfinden, wenn bestimmte Vorgaben gemacht werden.

- Der Lehrer gibt vier Töne vor, aus denen die Schüler eine Melodie zusammensetzen sollen, Tonwiederholungen sind möglich.

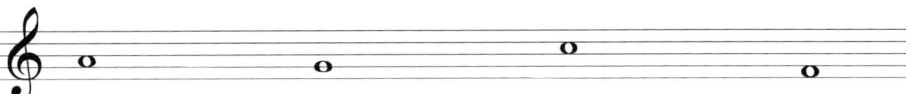

- Die Schüler erproben mit den Stabspielen verschiedene Möglichkeiten, schreiben ihre Lösungen auf und spielen sie vor.
  Eine mögliche Lösung:

- Ggf. können verschiedene Lösungen zu einem neuen Stück zusammengefügt werden.
- Der Lehrer gibt eine Tonfolge vor und legt einen obligatorischen Schlusston (z. B. f) fest.

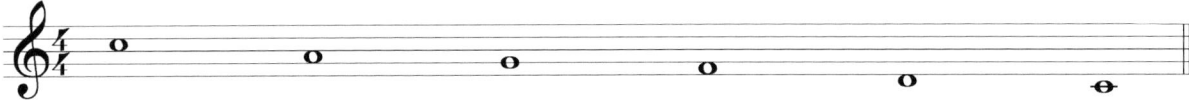

- Die Schüler erfinden eine Melodie mit dem Schlusston f.
  Hier wird die Konzentration auf einen Zentralton geübt (= Grundton der Tonleiter).
  Eine mögliche Lösung:

# Spielübungen zum Punkt hinter der Note

Eine auf diese Weise erfundene Melodie kann zusätzlich rhythmisch belebt werden, wenn man eine Punktierung einfügt.

Eine Lösung könnte so aussehen:

Die punktierte Note sollte über die Bewegung oder die Texterung eines Rhythmus erfolgen. Hier wird der zweite Weg gegangen:

- Der Lehrer spricht den Vers „Bring mir die Kekse!"

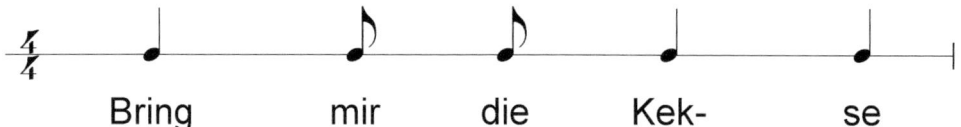

- Die Schüler stampfen das Metrum und sprechen den Vers nach.
- Der Lehrer verändert den Vers und spricht: „Bring die Kekse!"

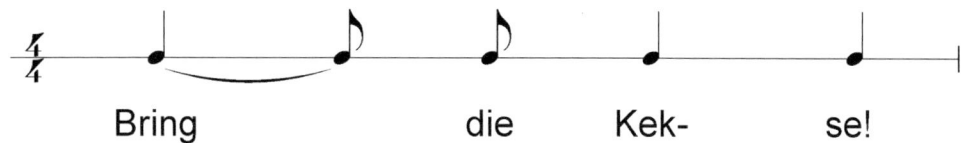

- Die zwei Notationen werden betrachtet: Aus der angebundenen Achtel wurde eine Viertel mit Punkt.
- Es folgen Höraufgaben mit Punktierungen: „Welche(s) Beispiel(e) enthält/enthalten eine punktierte Note?" Der Lehrer spielt auf einem Instrument vor. Die Schüler stampfen dazu das Metrum.

- Die Schüler singen die Lieder „My bonnie is over the ocean", „Heut kommt der Hans zu mir" sowie „Guten Morgen, der Frühling ist da" und markieren die Punktierungen im Notentext (siehe S. 24 f. bzw. KV 11–14, S. 52 f.).

**Lexikon: Die punktierte Note**
Der Punkt hinter einer Note verlängert ihre Dauer um die Hälfte.

# V Musizieren von Musikstücken auf Stabspielen

Die Musikstücke dieses Kapitels werden auf ihre Form hin untersucht und auf unterschiedliche Weise zum Original begleitet.
Beispielhaft werden zugleich Elemente der Musiklehre wie Tonleiter, Tonarten oder Halb- und Ganztöne erarbeitet.

**Ziele:**
- Die Schüler lernen, Formabläufe von Musikstücken zu bestimmen.
- Sie lernen das Musizieren von Melodien oder Akkordbegleitungen nach melodischer Notation.
- Sie lernen die Struktur der Dur-Tonleiter kennen und erwerben Grunderfahrungen mit Halb- und Ganztonschritten sowie verschiedenen Tonarten.
- Sie lernen den Unterschied zwischen Drei- und Vierklängen kennen.

## Schwerpunkt: Melodie

### „Hochzeitsmarsch" (KV 23, S. 64)  HB 22

Die Erarbeitung der Melodie

Der Hochzeitsmarsch von Felix Mendelssohn Bartholdy eignet sich sowohl zur Einführung in das Musizieren von Tonleitern auf Stabspielen als auch zum Erkennen von Formabläufen von Musikstücken.

- Die Schüler erhalten ein Arbeitsblatt (KV 23, S. 64) mit drei Übungen und einem Ausschnitt aus der Melodie des Hochzeitsmarsches.
- Sie üben die Zeilen 1 bis 3 in Einzel- oder Partnerarbeit und spielen sie vor.
- Sie vergleichen die 3. Zeile mit der Mitspielmelodie.
- Das Original wird eingespielt und der Gesamtablauf ermittelt.
  → Ergebnis: Vorspiel – Mitspielmelodie (M) – Zwischenspiel (Z1) – M – Z2 – M – Z3 – M
  → Die Form ist ein Rondo.
- Die Melodie wird zur CD mitgespielt.

### Spielübungen zur Dur-Tonleiter

- Die Schüler betrachten die erste Zeile des Arbeitsblattes zum Hochzeitsmarsch und beschriften die Noten mit ihren Namen.
- Sie spielen die Zeile vorwärts (von links nach rechts) und rückwärts (von rechts nach links).

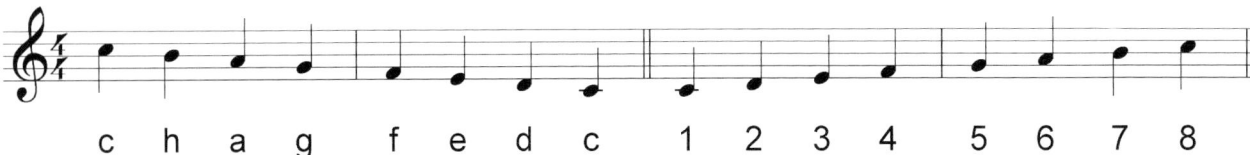

- Die Schüler beschriften ihre zweireihige Tastatur (KV 6, S. 47) mit Namen und mit Zahlen, ggf. auch die Folie.
- Der Lehrer erläutert den Begriff Halbtonschritt: Zwei genau nebeneinander liegende Tasten sind einen Halbtonschritt voneinander entfernt. Wichtig: Die Tasten der oberen Reihe nicht vergessen!

- Die Schüler spielen verschiedene Halbtonschritte.
- Der Lehrer erläutert dann den Begriff Ganztonschritt: Wenn zwischen zwei Tasten genau eine Taste liegt, sind diese Tasten einen Ganztonschritt voneinander entfernt.
- Die Schüler spielen abwechselnd Ganzton- und Halbtonschritte.
- Sie betrachten die gespielte Tonleiter und stellen fest, dass sie aus Halbton- und Ganztonschritten besteht.

**Lexikon: Halbton- und Ganztonschritt**
Zwei direkt benachbarte Tasten sind einen Halbtonschritt voneinander entfernt.
Liegt genau *eine* Taste dazwischen, so nennt man den Tastenabstand einen Ganztonschritt.

**Lexikon: Die Dur-Tonleiter**
Bei der Dur-Tonleiter liegen die Halbtonschritte immer zwischen dem 3. und 4. Ton sowie zwischen dem 7. und 8. Ton.
Beginnt eine Dur-Tonleiter mit dem Ton c, so nennt man sie C-Dur.

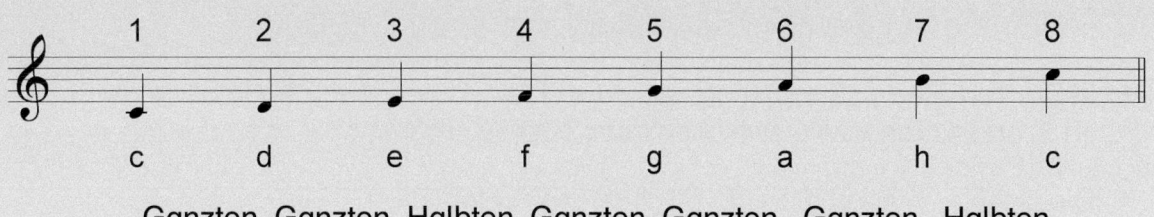

## „Lollipop" (KV 24, S. 65)

HB 23

Das Lied „Lollipop" von The Chordettes ist ein Evergreen und gut dazu geeignet, die Melodie des A-Teils in vereinfachter oder originaler Form mitzuspielen.
Die Form ist klar gegliedert und die Tonart G-Dur bietet zusätzlich die Gelegenheit, in das Thema „Tonarten" einzuführen.

### Die Erarbeitung der Melodie

- Der Lehrer erzählt, dass eine kleine Melodie geübt werden soll, die zu einem bekannten Musikstück dazu gespielt werden kann.
- Die Schüler betrachten die Notenzeile (KV 24, S. 65) und wiederholen die Notennamen. Hinweis: Da der tiefste Ton auf den meisten Stabspielen c heißt, ist die Melodie in der tiefen Lage nicht spielbar. Alternative: Die Töne h und c werden oktaviert (s. Notenbild) oder – falls die Stabspiele am oberen Ende bis a reichen – die gesamte Melodie wird eine Oktave höher gespielt.

- Die Schüler üben die Melodie.
- Sie hören nun von der CD das Original „Lollipop".
- Beim nochmaligen Hören wird der (etwas vorstrukturierte) Verlauf notiert.

Lösung:   A   A   B   A   C   A   B   A   A

- Zum Teil A wird die Melodie viermal mitgespielt.
- Nach und nach wird zum Stück gespielt.
- Die Schüler werden in sechs A-Gruppen aufgeteilt und spielen jeweils einen A-Teil, ein Schüler zeigt den Verlauf mit.

Eine Alternative:

- Die Schüler stampfen das Metrum, der Lehrer übernimmt den Rhythmus des Originals auf einer Glocke oder Klanghölzern.
- Die Schüler pfeifen die Melodie.
- Das weitere Mitspielen wird geübt (siehe oben).

**Lexikon: Die Rondo-Form**
Eine sehr häufig vorkommende musikalische Form ist das Rondo. Sie ergibt sich aus einem immer wiederkehrenden Hauptteil A, zwischen den mehrere Nebenteile eingeschoben werden, also z. B. A B A C A D A ...

## Spielübungen zu einer Dur-Tonart mit Kreuz: G-Dur

Alle Dur-Tonarten sind nach dem gleichen Muster aufgebaut: Die Halbtonschritte liegen zwischen dem 3. und 4. Ton sowie zwischen dem 7. und 8. Ton.

- Die Schüler wiederholen die Struktur der Durtonleiter:

    | 1 | 2 | 3 | 4 | 5 | 6 | 7 | 8 |
    |---|---|---|---|---|---|---|---|
    | Ganzton | ? | ? | ? | ? | ? | ? | |

- Der Lehrer informiert die Schüler darüber, dass das Musikstück in einer Tonart notiert ist, die mit dem Ton g beginnt.
- Die Schüler markieren auf ihrer Tastatur die 8 Töne, und zwar vermutlich g – a – h – c – d – e – f – g.
- Sie spielen diese Tonfolge auf ihren Stabspielen. Da sie mit ziemlicher Sicherheit das Klangbild der Dur-Tonleiter im Ohr haben, werden sie merken, dass der Ton f (7. Ton) nicht stimmt und ersetzt werden muss.
- Bei chromatischen (= zweireihigen) Instrumenten genügt ein Probieren der Nachbartöne. Bei einreihigen Stabspielen hilft ein Rückgriff auf die Tastatur.
- Die Schüler werden an die Ganz- und Halbtonfolgen bei der Dur-Tonleiter erinnert und finden heraus, dass der Schritt e – f (Nr. 6 und 7) ein Halbtonschritt ist. Notwendig ist aber ein Ganztonschritt, weshalb der Ton fis als der richtige erkannt wird. So wird der Schritt vom fis zum g automatisch zum Halbtonschritt.
- Bei einreihigen Instrumenten wird der f-Stab durch den fis-Stab ersetzt und die Tonleiter dann gespielt.

**Lexikon: Eine Dur-Tonart mit Kreuz: G-Dur**
Die Dur-Tonleiter mit dem Anfangston g heißt G-Dur-Tonleiter. Im Notenbild wird vor das f ein ♯ gesetzt. Dies macht den Ton zum fis.

# Schwerpunkt: Dreiklangsbegleitung

## „Fröhlicher Landmann" (KV 25, S. 66)  HB 24

Das Klavierstück „Fröhlicher Landmann" von Robert Schumann aus der romantischen Epoche hat folgenden Formverlauf, wobei sich die Teile A1 und A2 nur geringfügig im letzten Takt unterscheiden:

A1  A1  B  A2  B  A2
4   4   2  4   2  4

Die Begleitung besteht aus den drei Dreiklängen: F, Bb und C.

### Die Erarbeitung der Begleitung

- Der Lehrer erzählt von einem Bauern, der von seiner schweren Arbeit nach Hause zurückkehrt und froh darüber ist, wieder daheim zu sein.
- Die Schüler hören das Klavierstück „Fröhlicher Landmann" und äußern sich zu seinem Charakter. (Was ist das für eine Musik?) Der Lehrer informiert darüber, dass das Musikstück mit Instrumenten begleitet werden soll.
- Die Schüler betrachten den ersten Teil (KV 25, S. 66) und wiederholen die Tonnamen.
- Die Schüler werden in vier Gruppen aufgeteilt, wobei jede Gruppe eine Stimme übernimmt.
- Hinweis: Wenn vorhanden, sollten zunächst alle Stimmen möglichst mit Xylofonen besetzt werden (1. und 2. St.: Sopran-Xylofon, 3. St.: Alt-Xylofon, 4. St.: Bass-Xylofon). Die übrigen Instrumente können dann beliebig zugeordnet werden. Dies ergibt den besten Gesamtklang.
- Die Schüler üben die Takte 1 und 2. (Achtung: Die 3. und 4. Stimme benötigen den Ton b!)
- Die Stimmen werden nacheinander vorgespielt.
- Die Stimmen werden aufbauend zusammengefügt: 4. Stimme, beim 2. Durchgang zusätzlich die 3. Stimme, beim 3. Mal auch mit 2. Stimme usw.
- Die beiden Takte werden mehrmals ohne Pause gespielt.
- Nun üben die Schüler die Takte 3 und 4.
- Entsprechend werden die Takte dann gemeinsam gespielt.
- Alle spielen nun die Takte 1 bis 4, evtl. wieder aufbauend.
- Versuchsweise wird zur CD gespielt.
- In einem zweiten Anlauf (in einer späteren Stunde) wird der zweite Teil des „Fröhlichen Landmanns" erarbeitet.
- Nach der musikpraktischen Gesamterarbeitung kann die musikalische Form betrachtet und als Ergebnis festgehalten werden.

### Spielübungen zu einer Durtonart mit b: F-Dur

- Die Schüler ordnen die Töne der ersten vier Takte vom tiefsten zum höchsten. Ergebnis:

- Sie erkennen, dass es sich um eine Tonleiter handeln muss, und markieren diese Töne auf ihrer Tastatur. Sie wenden nun ihr Wissen über die Struktur der Dur-Tonleiter an und sehen, dass der Tonschritt vom 3. zum 4. Ton ein Ganztonschritt ist, in Wirklichkeit aber ein Halbtonschritt sein müsste. Also wird die Taste links neben h markiert und mit b bezeichnet.
- Nun wird bei den einreihigen Instrumenten der h-Stab durch den b-Stab ersetzt und die Tonleiter gespielt.

### Lexikon: Eine Dur-Tonart mit b: F-Dur

Die Dur-Tonleiter mit dem Anfangston f heißt F-Dur. Im Notenbild wird vor das h ein ♭ gesetzt. Dies macht den Ton zum b.

## Schwerpunkt: Dreiklänge und Vierklänge

### „Super Trouper" (KV 26, S. 67)   HB 25–27

Die schwedische Popgruppe ABBA errang mit Super Trouper im Jahre 1980 einen großen Erfolg. Der leicht ins Ohr gehende und als Schlager einzustufende Song eignet sich gut zu einer Untersuchung der Form und zum Mitspielen der Melodie oder der Akkordbegleitung. Einzelne Dreiklänge müssen dafür zu Vierklängen erweitert werden.

### Das Stück kennenlernen

- Der Lehrer kündigt eine Beschäftigung mit einem sehr bekannten Song der Gruppe ABBA mit dem Titel „Super Trouper" an. Inhaltlich geht es um die Liebesgeschichte eines gestressten und einsamen Bandmusikers mit einer jungen Frau. Der Bühnenscheinwerfer spielt dabei die Rolle des Suchers, der die junge Frau im Publikum auffinden soll.
- Die Schüler hören den Song und heben immer dann den Arm, wenn von dem Super Trouper die Rede ist. (→ Ergebnis: 7 Mal)
- Der Lehrer zeigt den Schülern den z. T. notierten Verlauf des Songs in einem Raster (KV 26, S. 67 oben).
- Lehrer: „Füllt die leeren Felder aus und unterscheidet zwischen Strophe und Refrain (= „Super Trouper").
→ Lösung: Der Refrain erscheint bei den Nummern 3, 4, 6, 7, 9, 10, 11; die 1. Strophe erscheint bei Nummer 2.

### Den Refrain musizieren

- Der Lehrer spielt den Refrain von der CD ein, die Schüler singen auf der Silbe „da" mit.
- Der Anfang wird im Notenbild (KV 26, S. 67) gezeigt.

- Die Schüler wiederholen die Notennamen und schreiben diese auf.
- Sie klatschen den Rhythmus.
- Einzelne Schüler spielen den Anfang der Melodie auf einem Stabspiel vor.
- Alle Schüler üben diese Stelle und musizieren gemeinsam.
- Der weitere Verlauf der Melodie wird betrachtet und mit den Namen der Töne beschriftet.
- Alle üben diesen Teil. Alternative: Die Schüler werden in zwei Gruppen aufgeteilt und spielen jeweils eine Hälfte.
- Die Schüler hören den Rhythmus-Background des Refrains.

- Sie spielen die Melodie zu diesem Background.
- Der Lehrer erinnert die Schüler an den Gesamtverlauf des Stückes und lässt die Melodie an den entsprechenden Stellen zum Original mitmusizieren.

## Die Akkordbegleitung zum Refrain musizieren

- Die Schüler betrachten die Noten für die Akkordbegleitung (KV 26, S. 67) und nennen nochmal die Notennamen der einzelnen Stimmen.
- Die Schüler werden in vier Gruppen aufgeteilt und üben ihre Stimmen.
- Die einzelnen Stimmen werden vorgespielt.
- Die Stimmen werden aufbauend zusammengefügt: zuerst die 4. Stimme, dann zusätzlich die 3. Stimme usw.
- Alle musizieren gemeinsam zum Rhythmus-Bass-Background.
- Die Akkordbegleitung wird zum Original musiziert.

## Dreiklang und Vierklang vergleichen

- Die Schüler betrachten den Akkord des letzten Taktes und schreiben die Noten von unten beginnend in das Notensystem.

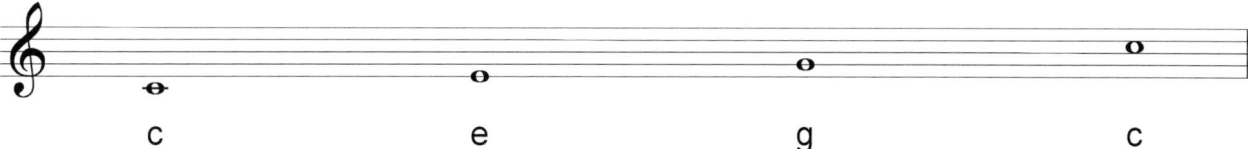

c        e        g        c

- Sie stellen fest, dass es sich um den Dreiklang auf dem Grundton C handelt, bei dem der unterste Ton als oberster wiederholt wird. Es bleibt also ein Dreiklang.
- Die Schüler schreiben nun entsprechend die Noten des viertletzten Akkordes auf.

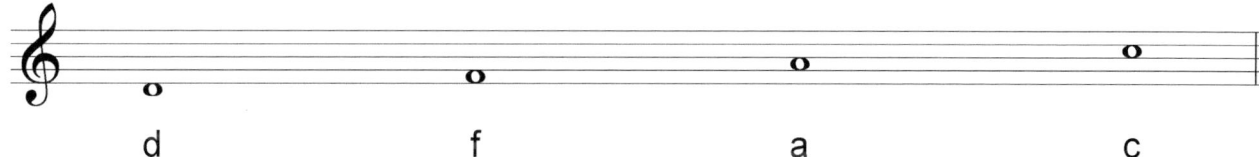

d        f        a        c

- Sie realisieren, dass hier vier verschiedene Noten erscheinen und der Dreiklang auf D um einen Ton zum Vierklang erweitert ist.

>
> **Lexikon: Dreiklang und Vierklang**
> Ein Dreiklang besteht aus dem 1., 3. und 5. Ton einer Tonleiter. Ein Vierklang fügt noch den 7. Ton einer Tonleiter hinzu.
> Merke: Beim Spielen von Dreiklang und Vierklang auf einem Stabspiel (oder auf jedem Tasteninstrument) wird immer eine Taste übersprungen. Beim Schreiben in das Notensystem stehen alle Noten auf Linien oder alle in Zwischenräumen. Der Akkord wird mit einer zusätzlichen und hochgestellten 7 beziffert: $Dm^7$.

Weitere Musiziermöglichkeiten mit Melodie und Akkordbegleitung:
- Melodie und Akkordbegleitung
- Melodie und Akkordbegleitung mit Rhythmus-Background
- Melodie und Akkordbegleitung zum Original

# VI Kopiervorlagen

## KV 1 „Ein Regentag im Herbst"

| Der Text | Die benötigten Stimmen und Instrumente |
|---|---|
| Ein leiser Wind weht. | |
| Ein paar Regentropfen fallen zur Erde. | |
| Der Wind wird stärker und pfeift um die Hausecke. | |
| Blätter fallen von den Bäumen und bewegen sich raschelnd über die Straße. | |
| Der Regen nimmt zu und trommelt gegen die Fensterscheiben. | |
| Ein Auto fährt durch eine große Pfütze und lässt das Wasser zur Seite spritzen. | |
| Es blitzt und im Zimmer wird es ganz kurz taghell. | |
| Ein kräftiger Donner lässt nicht lange auf sich warten. | |
| Allmählich lassen Regen und Wind wieder nach. | |
| Erste Sonnenstrahlen vertreiben die dunklen Wolken und es wird wieder hell. | |

# KV 2 „Das Waldhaus"

| Der Text | Die benötigten Stimmen und Instrumente |
|---|---|
| **Das Waldhaus**<br>von Josef Guggenmos<br><br>Wir liegen im Waldhaus in tiefer Nacht.<br>Da naht ein Trappeln. Erwacht! Erwacht!<br><br>Vorm Fenster stehen die Wölfe<br>und heulen alle zwölfe.<br><br>Noch zwanzig kommen dazu<br>und helfen heulen. Hu!<br><br>Jetzt sind es zweiunddreißig.<br>Wir zittern und bibbern fleißig.<br><br>Nun bringen wir denen das Bibbern bei.<br>Wir brüllen wie Löwen – eins, zwei, drei!<br><br>Die Wölfe flieh'n in die Ferne.<br>Weg sind sie. Das haben wir gerne.<br><br>Im Waldhaus ist es wieder still.<br>Nur der Wind pfeift noch, bald leis, bald schrill. | |

Gedicht aus: Josef Guggenmos: Groß ist die Welt
© 2006 Beltz & Gelberg in der Verlagsgruppe Beltz, Weinheim/Basel

# KV 3 Verschiedene Rhythmen

**Rhythmen im 2/4-Takt**

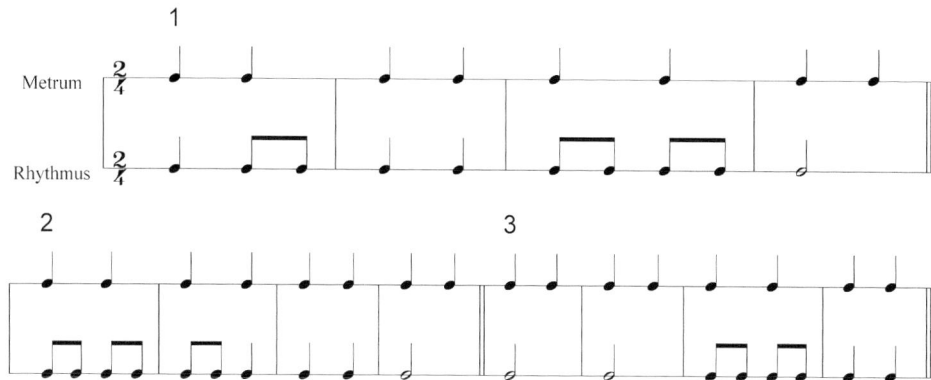

**Rhythmen im 3/4-Takt**

**Rhythmen im 4/4-Takt**

# KV 4 Rhythmusstück

# KV 5 „Mödlinger Tänze"

## Mödlinger Tänze
von Ludwig van Beethoven

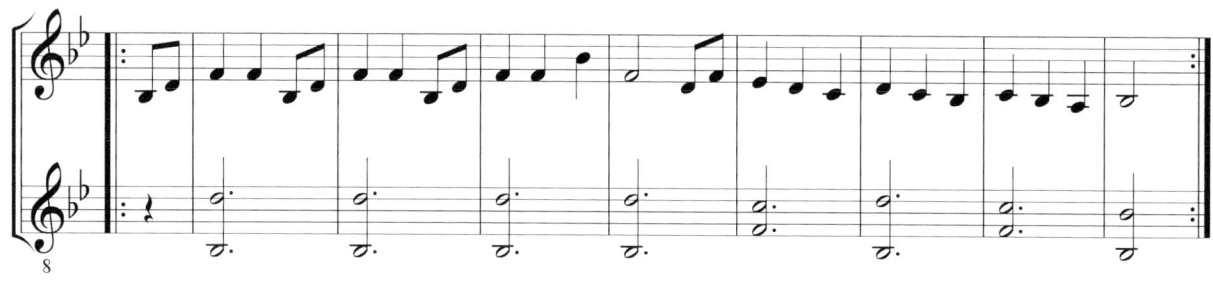

# KV 6 Tastatur

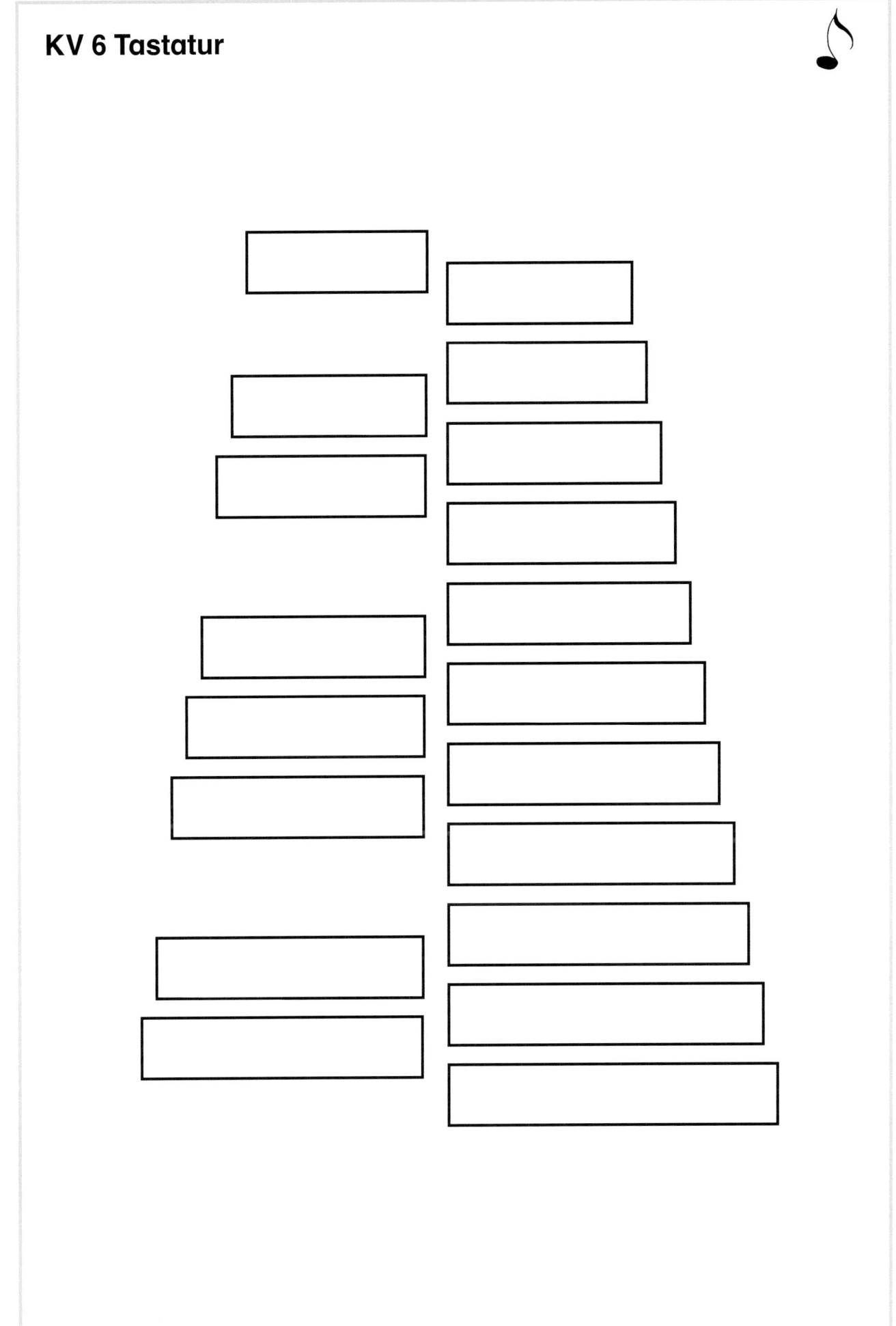

# KV 7 „Old MacDonald had a farm"

## Old MacDonald had a farm
Text und Melodie: traditionell

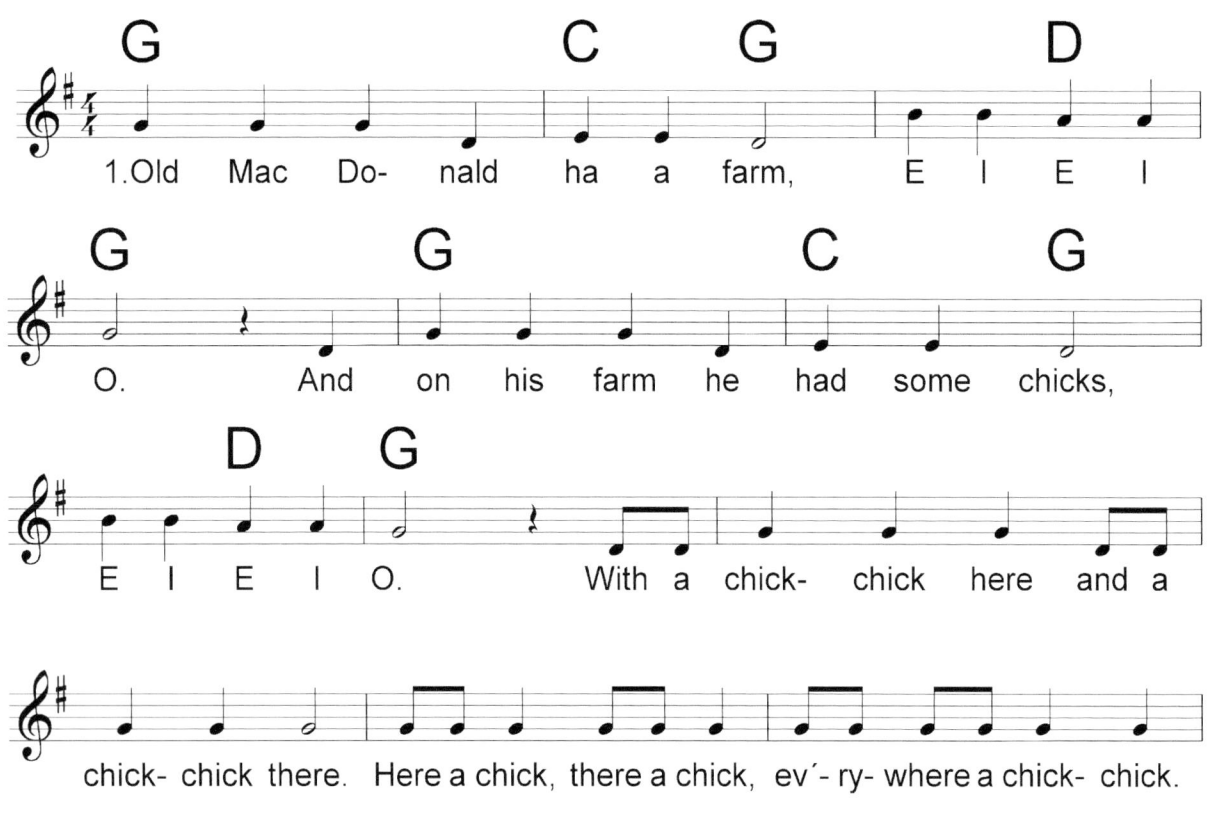

2. And on his farm he had some ducks.
   With a quack-quack here …

3. And on his farm he had a cow.
   With a moo-moo here …

4. And on his farm he had a dog.
   With a woof-woof here …

5. And on his farm he had a pig.
   With an oink-oink here …

6. And on his farm he had a car.
   With a rattle-rattle here …

# KV 8 „Paule Puhmanns Paddelboot"

## Paule Puhmanns Paddelboot
Text und Melodie: Fredrik Vahle

# KV 9 „Kinder, jetzt ist Faschingszeit"

**Kinder, jetzt ist Faschingszeit**
Text: G. Rangger, Melodie: traditionell

1.Kin- der, heut ist Fa- schings- zeit, ju- pei- di, ju- pei- da,
habt ihr schon ein Nar- ren- kleid? Ju- pei- di, hei- da!
Wer nicht mit- macht mit Hu- mor, ei, das ist ein ar- mer Tor!

Refrain:
Ju- pei- di und ju- pei- da, ju- pei- di juch- hei- sa- sa,
ju- pei- di und ju- pei- da, ju -pei- di- pei- da!

Alternativ:

1. Schön ist ein Zylinderhut, jupeidi, jupeida,
   wenn man ihn besitzen tut, jupeidi, heida.
   Doch von ganz besond'rer Güte
   sind stets zwei Zylinderhüte.

2. Hat man der Zylinder drei, jupeidi, jupeida,
   hat man einen mehr als zwei, jupeidi, heida.
   Vier Zylinder, das sind grad
   zwei Zylinder im Quadrat.

3. Fünf Zylinder sind genau, jupeidi, jupeida,
   für drei Kinder, Mann und Frau, jupeidi, heida.
   Sechs Zylinder, das ist toll,
   machen das halbe Dutzend voll.

Vorlauf:

| 1 | 2 | 1 | 2 |
|---|---|---|---|

Refrain:

| 1 | 2 | 1 | 2 | 1 | 2 | 1 | 2 | 1 | 2 | 1 | 2 | 1 | 2 | 1 | 2 |
|---|---|---|---|---|---|---|---|---|---|---|---|---|---|---|---|
| f |   | f |   | c |   | f |   | f |   | f |   | c |   | f |   |

# KV 10 „Wenn der Elefant in die Disco geht"

## Wenn der Elefant in die Disco geht
### Melodie und Text: K. W. Hoffmann

1. Wenn der E-le-fant in die Dis-co geht, weißt du, wie er sich auf der Tanz-flä-che dreht? Ganz ge-müt-lich setzt er ei-nen vor den an-dern Schuh und schwingt sei-nen Rüs-sel im Takt da-zu.

Refrain:
Eins, zwei, drei und vier, der E-le-fant ruft: "Kommt und tanzt mit mir!"
Fünf, sechs, sie-ben acht, und al-le ha-ben mit-ge-macht!

Vorlauf:

| 1 | 2 | 3 | 4 | 1 | 2 | 3 | 4 |
|---|---|---|---|---|---|---|---|
|   |   |   |   |   |   |   |   |

Refrain:

| 1 | 2 | 3 | 4 | 1 | 2 | 3 | 4 | 1 | 2 | 3 | 4 | 1 | 2 | 3 | 4 |
|---|---|---|---|---|---|---|---|---|---|---|---|---|---|---|---|
| g |   | g |   | c |   | c |   | d |   | d |   | g |   | g |   |

# KV 11 „My bonnie is over the ocean"

2. Last night as I lay on my pillow,
   Last night as I lay on my bed,
   last night as I lay on my pillow,
   I dreamed that my Bonny was dead.
   Bring back …

3. The winds have blown over the ocean,
   the winds have blown over the sea,
   the winds have blown over the ocean,
   and brought back my Bonny to me.
   Brought back …

Vorlauf:

| 1 | 2 | 3 | 1 | 2 | 3 |
|---|---|---|---|---|---|
|   |   |   |   |   |   |

Refrain:

| 1 | 2 | 3 | 1 | 2 | 3 | 1 | 2 | 3 | 1 | 2 | 3 |
|---|---|---|---|---|---|---|---|---|---|---|---|
| g | gg | g | g | gg | g | c | cc | c | c | cc | c |

52

# KV 12 „Heut kommt der Hans zu mir"

## Heut kommt der Hans zu mir
Text und Melodie: traditionell

Heut' kommt der Hans zu mir, freut sich die Lies'.

Ob er a- ber ü- ber O- ber- am- mer- gau o- der a- ber ü- ber Un- ter- am- mer gau

o- der a- ber ü- ber- haupt nicht kommt, ist nicht ge- wiss.

---

Vorlauf:

| 1 | 2 | 3 | 1 | 2 | 3 |
|---|---|---|---|---|---|

Refrain:

| 1 | 2 | 3 | 1 | 2 | 3 | 1 | 2 | 3 | 1 | 2 | 3 |
|---|---|---|---|---|---|---|---|---|---|---|---|
| c |   |   | g |   |   | g |   |   | c |   |   |
| a |   |   | e |   |   | e |   |   | a |   |   |
| f |   |   | c |   |   | c |   |   | f |   |   |
| Affe |  |  | Löwe |  |  | Löwe |  |  | Affe |  |  |

# KV 13 Kärtchen

| | | |
|---|---|---|
| 🐒 | 🐒 | 🐒 |
| f | a | c |
| c | e | g |
| 🦁 | 🦁 | 🦁 |

# KV 14 „Guten Morgen, der Frühling ist da"

## Guten Morgen, der Frühling ist da
Musik: Ludger Edelkötter, Text: Jutta Richter

Gu- ten Mor- gen, gu- ten Mor- gen, der Früh- ling ist da. Gu- ten

Mor- gen, gu- ten Mor- gen, ein neu- es Jahr.

1. Gu- ten Mor- gen, die Luft ist blau und der Pfau ruft die Pfau- en- frau.

Gu- ten Mor- gen, gu- ten Mor- gen, der Früh- ling ist da.

---

Vorlauf:

| 1 | 2 | 3 | 1 | 2 | 3 |
|---|---|---|---|---|---|

Sänger

Refrain:

| 1 | 2 | 3 | 1 | 2 | 3 | 1 | 2 | 3 | 1 | 2 | 3 |
|---|---|---|---|---|---|---|---|---|---|---|---|
| g |   |   | c |   |   | d |   |   | g |   |   |
| e |   |   | a |   |   | h |   |   | e |   |   |
| c |   |   | f |   |   | g |   |   | c |   |   |

Spieler

# KV 15 Tastatur und Notensystem

# KV 16 Das Tonhöhen-Domino (1)

Ihr könnt mit den Dominokarten einen sehr bekannten Liedanfang legen.
Beginnt mit der Startkarte und legt die übrigen Karten so an, dass die Note der vorhergehenden Karte mit dem Buchstaben der folgenden Karte übereinstimmt.

| Start | 🎵 | g | 🎵 |
|---|---|---|---|
| g | 🎵 | g | 🎵 |
| d | 🎵 | e | 🎵 |
| e | 🎵 | d | 🎵 |
| h | 🎵 | h | 🎵 |
| a | 🎵 | a | 🎵 |
| g | Ziel | | |

# KV 17 Das Tonhöhen-Domino (2)

Ihr könnt mit den Dominokarten einen sehr bekannten Liedanfang legen.
Allerdings müsst Ihr die Anfangskarte erst noch suchen.
Legt die Karten so an, dass die Note der vorhergehenden Karte mit dem Buchstaben der folgenden Karte übereinstimmt.

| Note | Buchstabe | Note | Buchstabe |
|---|---|---|---|
| ♪ | a | ♪ | h |
| ♪ | g | ♪ | g |
| ♪ | a | ♪ | h |
| ♪ | g | ♪ | h |
| ♪ | c | ♪ | d |
| ♪ | h | ♪ | c |
| ♪ | d | ♪ | g |

# KV 18 „Ihr Kinderlein kommet"

## Ihr Kinderlein kommet
Text: Chr. v. Schmid, Melodie: J. Schulz

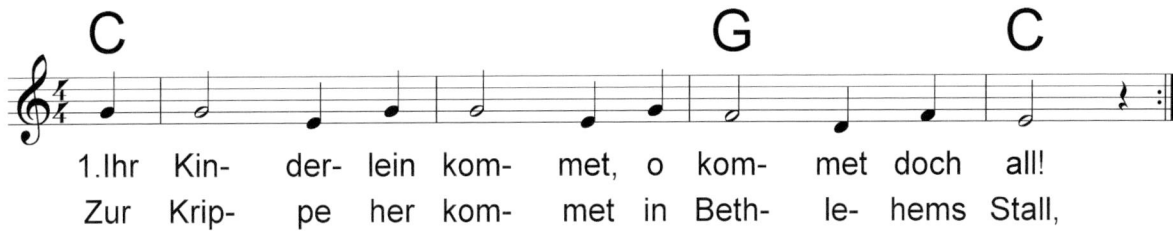

1. Ihr Kin- der- lein kom- met, o kom- met doch all!
Zur Krip- pe her kom- met in Beth- le- hems Stall,

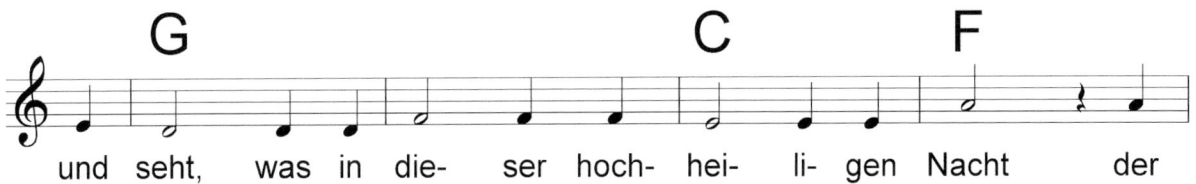

und seht, was in die- ser hoch- hei- li- gen Nacht der

Va- ter im Him- mel für Freu- de uns macht.

2. Da liegt es, das Kindlein, auf Heu und auf Stroh.
   Maria und Josef betrachten es froh.
   Die redlichen Hirten knie'n betend davor,
   hoch oben schwebt jubelnd der Engelein Chor.

3. O beugt wie die Hirten anbetend die Knie,
   erhebet die Hände und danket wie sie.
   Stimmt freudig, ihr Kinder, wer soll sich nicht freu'n,
   stimmt freudig zum Jubel der Engel mit ein.

Tonvorrat    Vorspiel         Lied

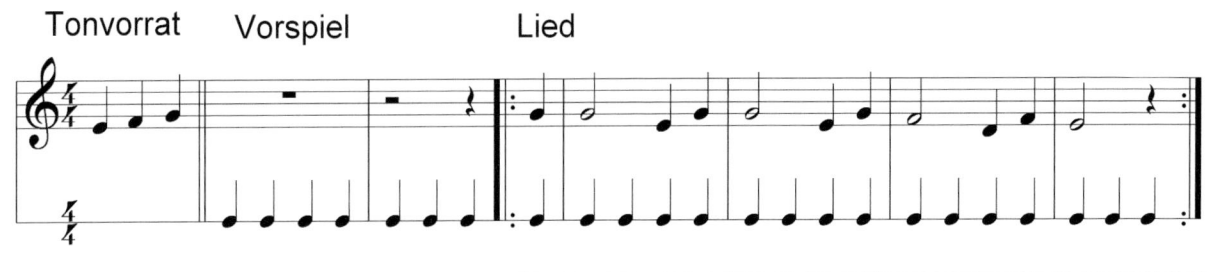

# KV 19 „Der Hahn ist tot"

**Der Hahn ist tot**
Text und Melodie: traditionell

Der Hahn ist tot, der Hahn ist tot. Der Hahn ist tot, der Hahn ist tot.

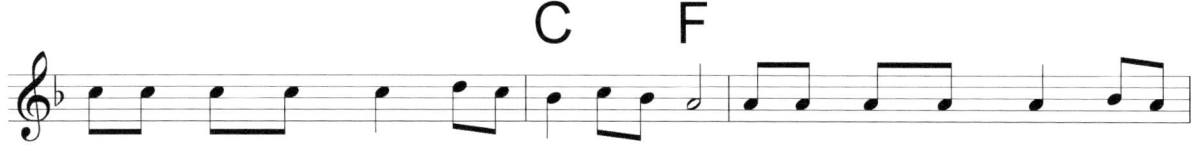

Er wird nicht mehr kräh´n, co co di, co co da. Er wird nicht mehr kräh´n, co co

di, co co da. co co co co co co co di co co da.

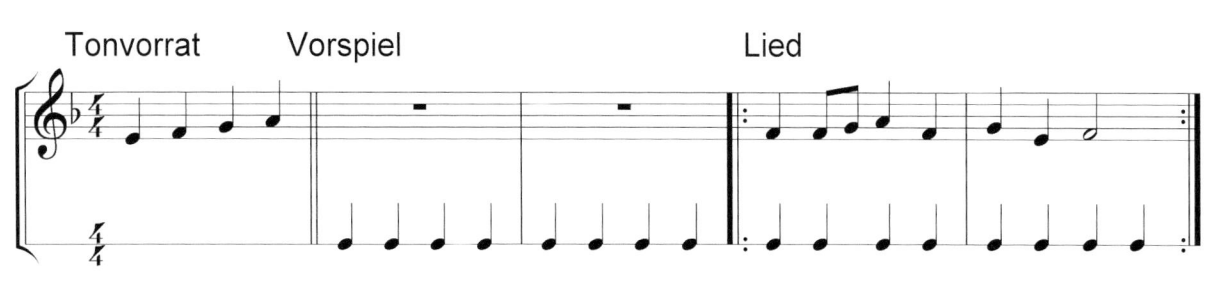

Tonvorrat   Vorspiel   Lied

# KV 20 „Das Pizzalied"

## Das Pizzalied
Text: Fredrik Vahle, Melodie: traditionell

1. Ei- ne schö- ne gut ge- back- ne run- de Piz- za, ei, wie
2. schö- ne gut ge- back- ne run- de Piz- za, sieht doch

ich da- hin ge- flitzt war. Mit Sa- la- mi und To- ma- ten, jetzt geht's
je- der, na, wer sitzt da? Ti- ri tom- ba, si- cher-

ran, ich will nicht war- ten. Ei- ne
lich kei- ne an- de- re als ich.

---

Tonvorrat  Vorspiel  Lied

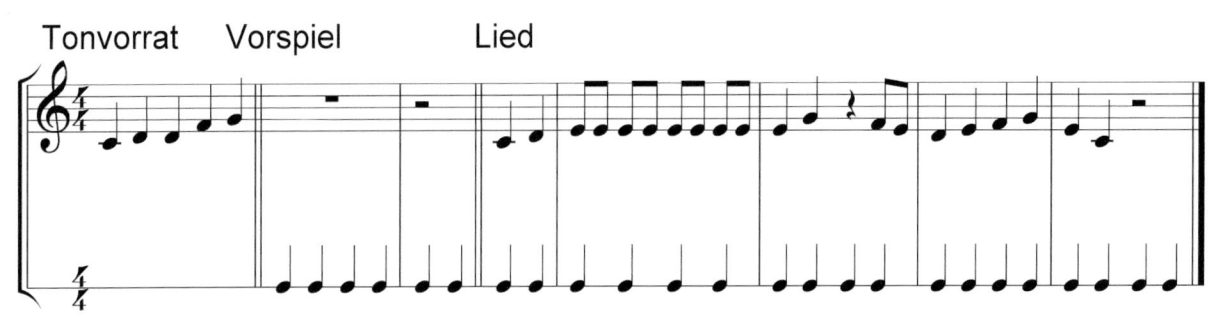

# KV 21 Liedanfänge

## Bruder Jakob

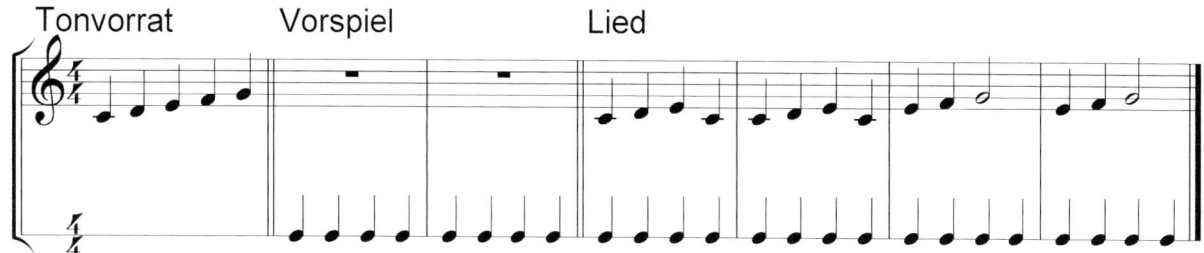

## Ist ein Mann in' Brunn' gefallen

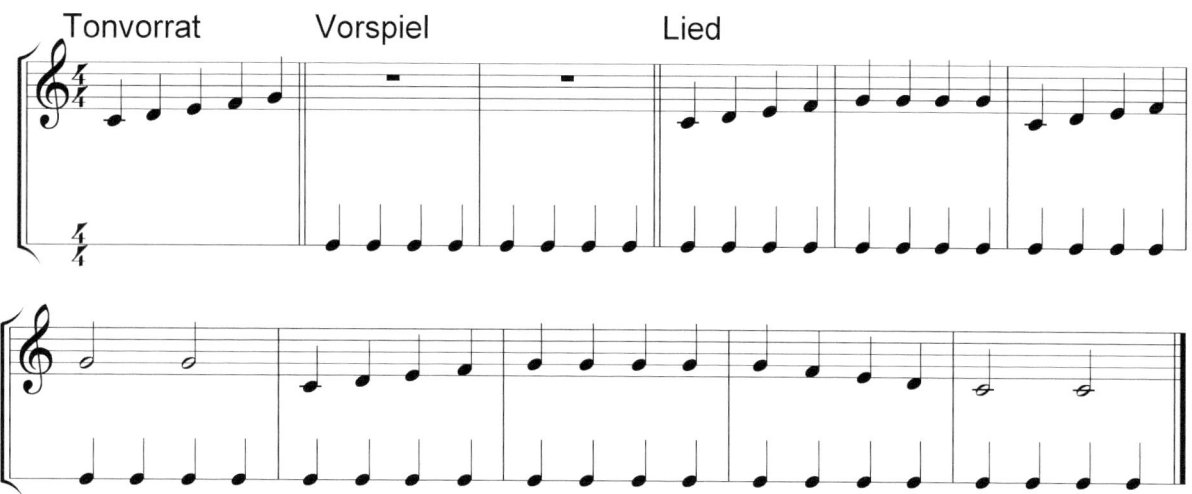

## KV 22 Motive zum Komponieren

1
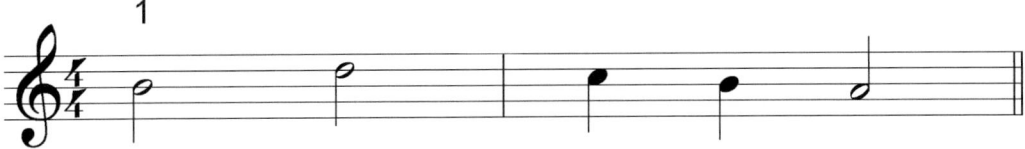

2
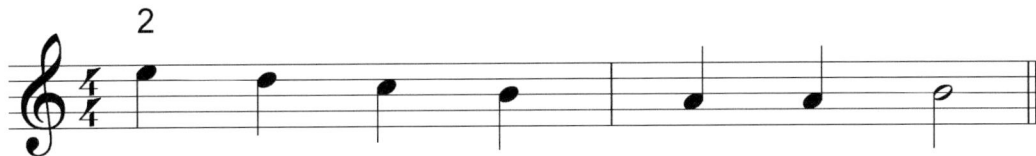

3

4
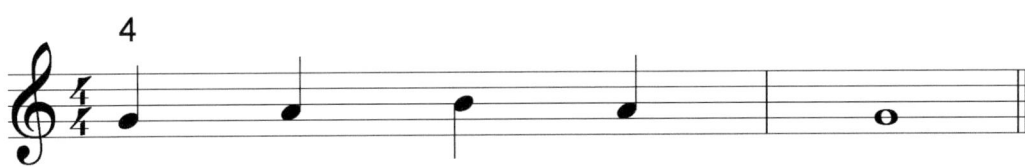

5

6
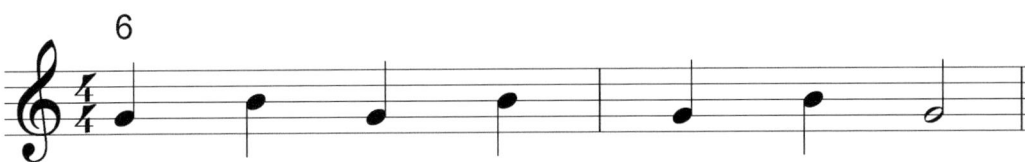

# KV 23 „Hochzeitsmarsch"

## Hochzeitsmarsch
von F. Mendelssohn Bartholdy

Übung 1

Übung 2

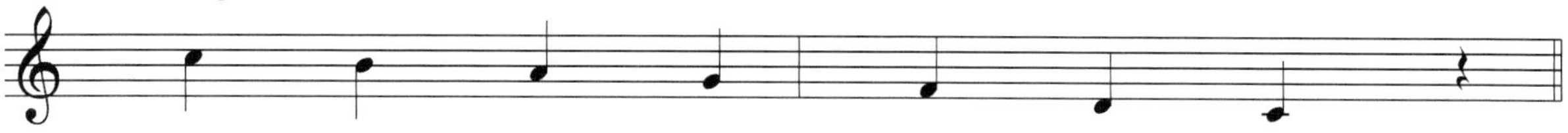

Übung 3

Mitspielmelodie

Form:

| | | | | | | | |
|---|---|---|---|---|---|---|---|
| | | | | | | | |

V = Vorspiel
M = Mitspielmelodie
Z 1 = Zwischenspiel 1
Z 2 = Zwischenspiel 2
Z 3 = Zwischenspiel 3

# KV 24 „Lollipop"

**Lollipop**
von The Chordettes

Form:

| Einleitung | A | A |   |   |   |   |   |   |   |
|---|---|---|---|---|---|---|---|---|---|
| 4 Takte | 8 | 8 | 8 | 8 | 8 | 8 | 8 | 8 | 8 |

# KV 25 „Fröhlicher Landmann"

## Fröhlicher Landmann
von Robert Schumann

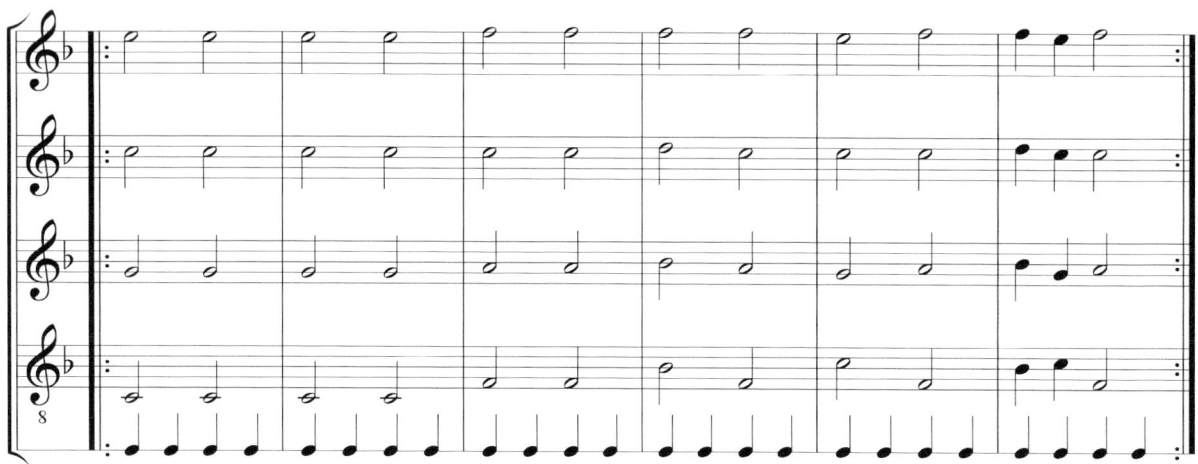

# KV 26 „Super Trouper"

## Super Trouper
von ABBA

| 1 | 2 | 3 | 4 | 5 | 6 | 7 | 8 | 9 | 10 | 11 |
|---|---|---|---|---|---|---|---|---|----|----|
| Refrain | | | | 2. Str. | | | Überl. | | | Refrain |

### Akkordbegleitung zum Refrain

# VII Beispielhafte Lernkontrollen

## Hören von Musik

### Instrumente 1

Kreuze in jeder Reihe das Instrument an, das du gehört hast.

|   |   |   |   |   |   |
|---|---|---|---|---|---|
| 1 |   |   |   |   |   |
| 2 |   |   |   |   |   |
| 3 |   |   |   |   |   |
| 4 |   |   |   |   |   |
| 5 |   |   |   |   |   |
| 6 |   |   |   |   |   |

### Instrumente 2

Kreuze in jeder Reihe das Instrument an, das du gehört hast.

|   | Xylofon | Glockenspiel | Metallofon |
|---|---------|--------------|------------|
| 1 |         |              |            |
| 2 |         |              |            |
| 3 |         |              |            |
| 4 |         |              |            |

# Rhythmus 1

Sind die beiden Rhythmen, die du hörst, gleich oder verschieden? Kreuze an.

|   | Sie sind gleich. | Sie sind nicht gleich. |
|---|---|---|
| 1 |   |   |
| 2 |   |   |

Beispielrhythmus für den Lehrer:

# Rhythmus 2

Welcher Rhythmus ist wie der gehörte? Kreuze an.

1.

2.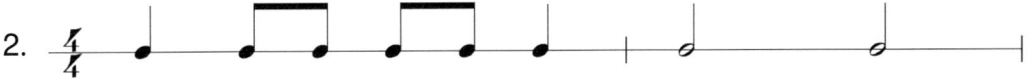

3.

Beispielrhythmus für den Lehrer:

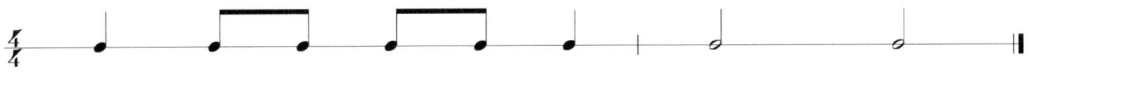

# Taktarten

Du hörst Ausschnitte aus drei Musikstücken. Bestimme die Taktart.     HB 3, 5, 28

|   | 3er-Takt | 4er-Takt |
|---|---|---|
| 1 |   |   |
| 2 |   |   |
| 3 |   |   |

## Tonhöhen

Vergleiche die beiden gehörten Töne. Kreuze an.

HB 29

|   | Der 2. Ton ist gleich. | Der 2. Ton ist tiefer. | Der 2. Ton ist höher. |
|---|---|---|---|
| 1 |   |   |   |
| 2 |   |   |   |
| 3 |   |   |   |

## Melodien

Die nächsten drei Aufgaben enthalten jeweils zwei Melodien, die du vergleichen sollst. Kreuze an.

HB 30–32

|   | Sie sind gleich. | Sie sind verschieden. |
|---|---|---|
| 1 |   |   |
| 2 |   |   |
| 3 |   |   |

## Dreiklänge

Unterscheide Dreiklänge von anderen Klängen. Kreuze an.

HB 33

|   | Dreiklang | Kein Dreiklang |
|---|---|---|
| 1 |   |   |
| 2 |   |   |
| 3 |   |   |
| 4 |   |   |

## Formen

Das Musikstück hat eine bestimmte Form. Entscheide dich für einen der beiden Vorschläge.

HB 5

|   | A A B B C C | A B A C A |
|---|---|---|
| Form |   |   |

# Wissen über Musik

## Instrumente 1

Verbinde die Namen der Instrumente mit den passenden Bildern.

Handtrommel

Holzblock

Klanghölzer

Guiro (Gurke, Fisch)

Becken

Triangel

Schellenring

Maracas (Rassel)

Schellentrommel

Röhrenholztrommel

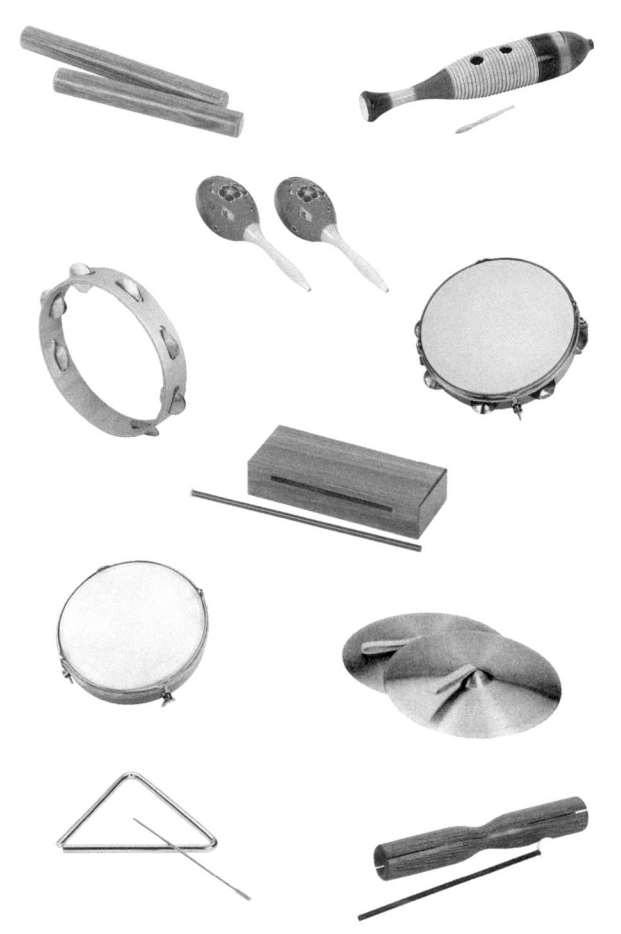

## Instrumente 2

Ordne die Instrumente ihren Familien zu.

Handtrommel, Triangel, Holzblocktrommel, Schellenring, Cabasa, Röhrenholztrommel, Bongos, Becken, Guiro, Klanghölzer

| Holzinstrumente | Metallinstrumente | Fellinstrumente |
| --- | --- | --- |
|  |  |  |

# Tempobezeichnungen

Ergänze die fehlenden Tempobezeichnungen.

| Deutsch | Italienisch |
|---|---|
|  | andante |
| sehr schnell |  |
|  | allegro |

# Lautstärkebezeichnungen

Trage die fehlenden Abkürzungen für diese Lautstärkebezeichnungen in die Tabelle ein.

| laut |  |
|---|---|
| sehr leise |  |
| lauter werden |  |
| leise |  |
| sehr laut |  |
| leiser werden |  |

# Notenwerte 1

Schreibe die zugehörigen Noten auf die Linie.

| Halbenote | Viertelnote | Ganzenote | Achtelnote |

# Notenwerte 2

Ergänze die fehlenden Taktstriche.

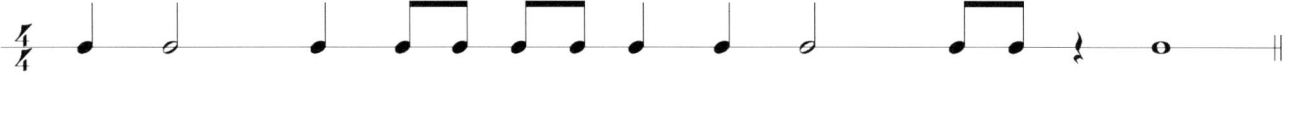

# Halb- und Ganztonschritte

Unterscheide zwischen Halbton- und Ganztonschritt.
Denke dabei an deine Tastatur und schreibe unter die Noten entweder H für Halbtonschritt oder G für Ganztonschritt.

_____   _____   _____   _____

# Vorzeichen

Kreuze an, was diese Vorzeichen bedeuten.

|   | erhöht um einen Halbton | erniedrigt um einen Halbton |
|---|---|---|
| ♯ |   |   |
| ♭ |   |   |

# Tonleiter

Schreibe eine Tonleiter vom Ton g aus und ergänze die Notennamen.
Nimm deine Tastatur dabei zu Hilfe.

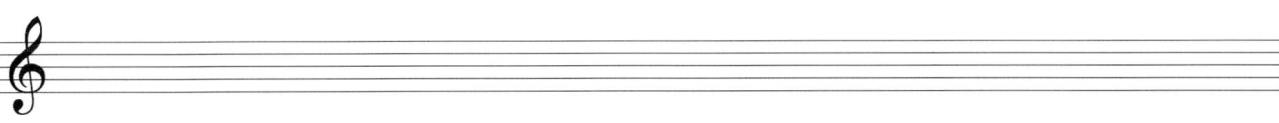

# Dreiklang

Schreibe Dreiklänge von diesen Grundtönen aus aufwärts und ergänze die Notennamen.

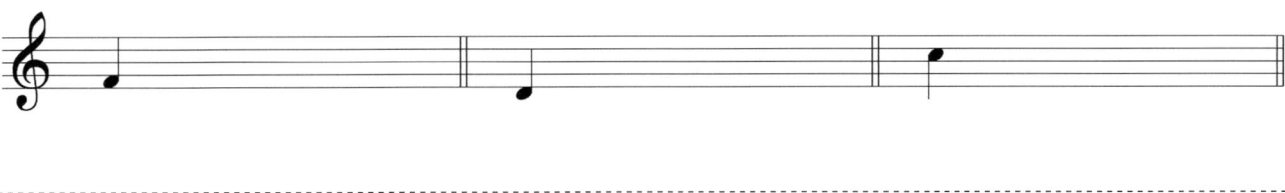

# Gestalten von Musik

## Rhythmen 1

Schreibe einen Rhythmus im 4/4-Takt mit einer Länge von zwei Takten.

## Rhythmen 2

Ergänze diesen kleinen Text mit einem Rhythmus und verwende dazu zwei verschiedene Notenwerte.

Schu - le aus, geh nach Haus!

## Melodie 1

Ergänze diese Melodie mit einem kleinen Text.

## Melodie 2

Bilde eine kurze Melodie aus den Tönen c – d – e – g.
Die Töne dürfen mehrmals vorkommen. Der Schlusston soll c sein.

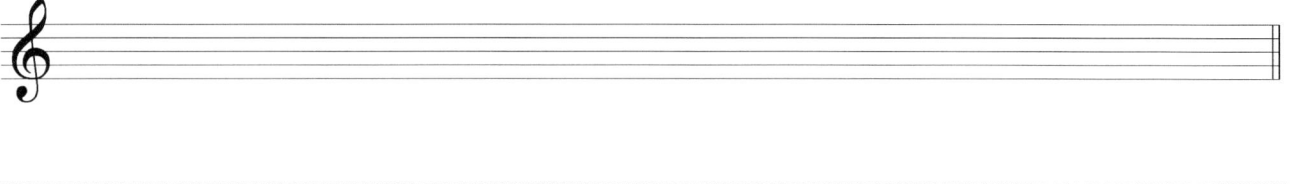

# VIII Lösungen zu den Lernkontrollen

## Hören von Musik

### Taktarten

Du hörst Ausschnitte aus drei Musikstücken. Bestimme die Taktart.   HB 3, 5, 28

|   | 3er-Takt | 4er-Takt |
|---|---|---|
| 1 | X |   |
| 2 | X |   |
| 3 |   | X |

### Tonhöhen

Vergleiche die beiden gehörten Töne. Kreuze an.   HB 29

|   | Der 2. Ton ist gleich. | Der 2. Ton ist tiefer. | Der 2. Ton ist höher. |
|---|---|---|---|
| 1 |   | X |   |
| 2 | X |   |   |
| 3 |   |   | X |

### Melodien

Die nächsten drei Aufgaben enthalten jeweils zwei Melodien, die du vergleichen sollst. Kreuze an.

HB 30–32

|   | Sie sind gleich. | Sie sind verschieden. |
|---|---|---|
| 1 | X |   |
| 2 |   | X |
| 3 |   | X |

## Dreiklänge

Unterscheide Dreiklänge von anderen Klängen. Kreuze an.  HB 33

|   | Dreiklang | Kein Dreiklang |
|---|---|---|
| 1 | X |   |
| 2 |   | X |
| 3 | X |   |
| 4 |   | X |

## Formen

Das Musikstück hat eine bestimmte Form. Entscheide dich für einen der beiden Vorschläge.

HB 5

|      | A A B B C C | A B A C A |
|------|-------------|-----------|
| Form | X           |           |

# Wissen über Musik

## Instrumente 1

Verbinde die Namen der Instrumente mit den passenden Bildern.

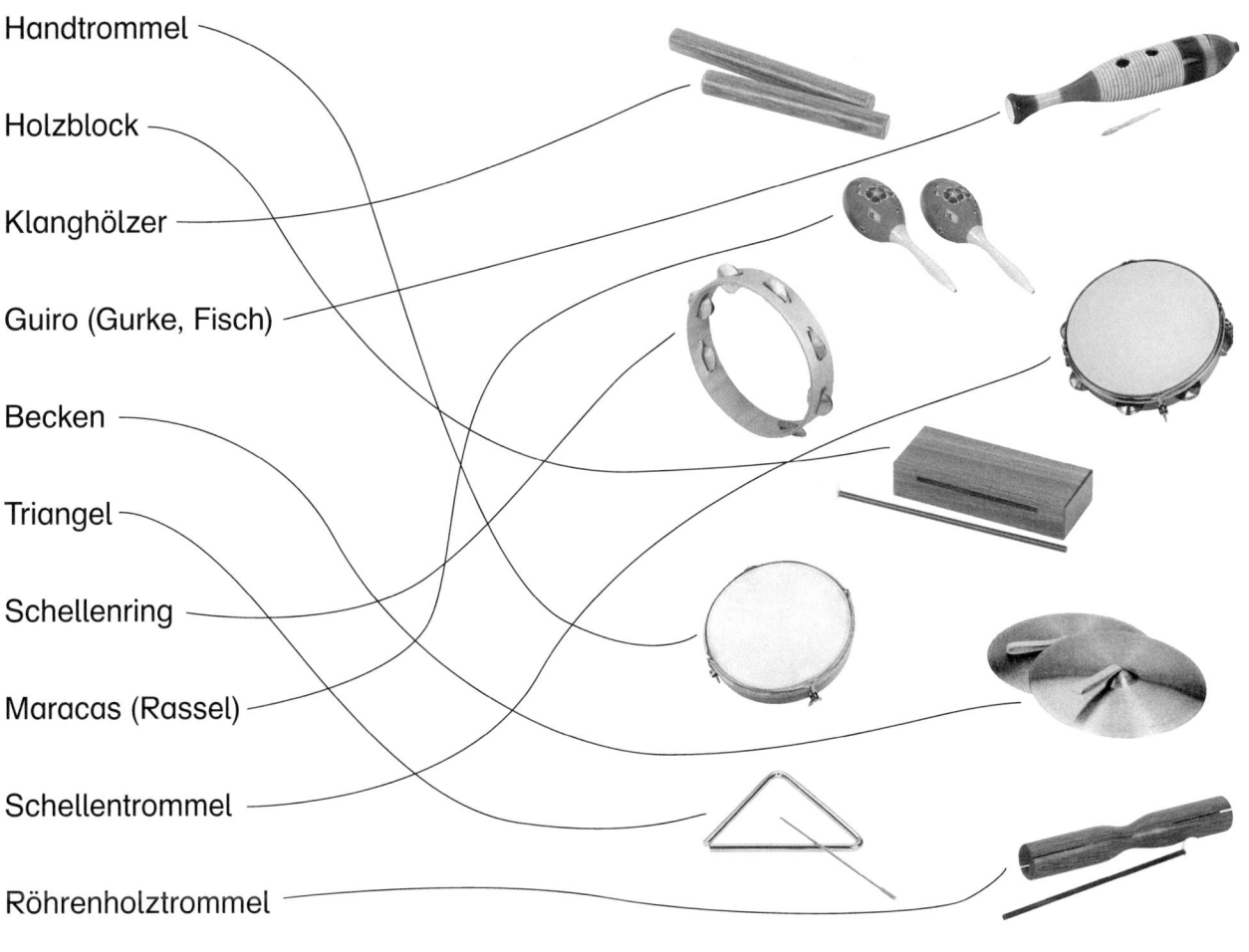

Handtrommel

Holzblock

Klanghölzer

Guiro (Gurke, Fisch)

Becken

Triangel

Schellenring

Maracas (Rassel)

Schellentrommel

Röhrenholztrommel

## Instrumente 2

Ordne die Instrumente ihren Familien zu.

Handtrommel, Triangel, Holzblocktrommel, Schellenring, Cabasa, Röhrenholztrommel, Bongos, Becken, Guiro, Klanghölzer

| Holzinstrumente | Metallinstrumente | Fellinstrumente |
|---|---|---|
| Holzblocktrommel<br>Röhrenholztrommel<br>Guiro<br>Klanghölzer | Triangel<br>Schellenring<br>Cabasa<br>Becken | Handtrommel<br>Bongos |

## Tempobezeichnungen

Ergänze die fehlenden Tempobezeichnungen.

| Deutsch | Italienisch |
|---|---|
| gehend | andante |
| sehr schnell | presto |
| munter, schnell | allegro |

## Lautstärkebezeichnungen

Trage die fehlenden Abkürzungen für diese Lautstärkebezeichnungen in die Tabelle ein.

| laut | f |
|---|---|
| sehr leise | pp |
| lauter werden | < |
| leise | p |
| sehr laut | ff |
| leiser werden | > |

## Notenwerte 1

Schreibe die zugehörigen Noten auf die Linie.

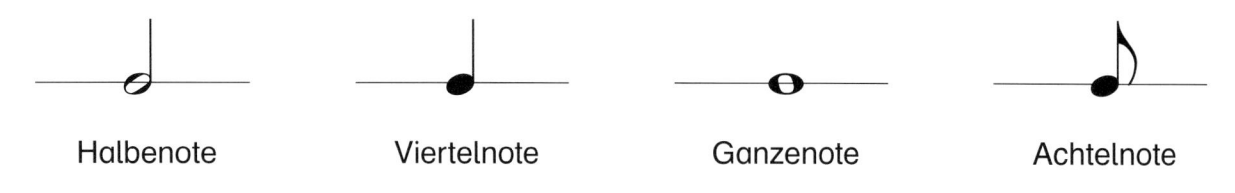

Halbenote     Viertelnote     Ganzenote     Achtelnote

## Notenwerte 2

Ergänze die fehlenden Taktstriche.

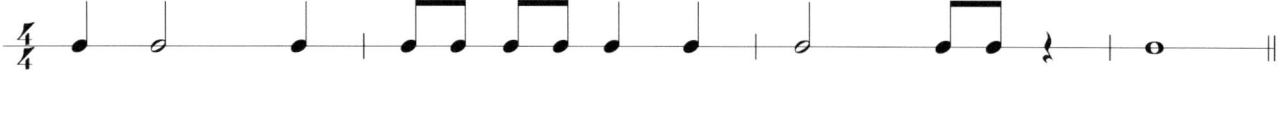

78

# Halb- und Ganztonschritte

Unterscheide zwischen Halbton- und Ganztonschritt.
Denke dabei an deine Tastatur und schreibe unter die Noten entweder H für Halbtonschritt oder G für Ganztonschritt.

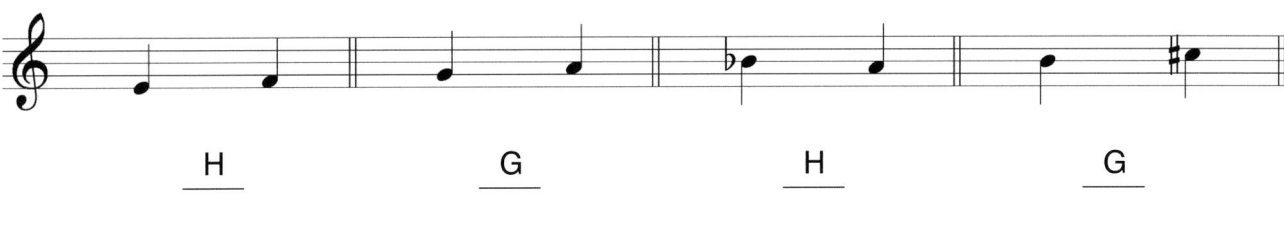

H    G    H    G

# Vorzeichen

Kreuze an, was diese Vorzeichen bedeuten.

|  | erhöht um einen Halbton | erniedrigt um einen Halbton |
|---|---|---|
| ♯ | X |  |
| ♭ |  | X |

# Tonleiter

Schreibe eine Tonleiter vom Ton g aus und ergänze die Notennamen.
Nimm deine Tastatur dabei zu Hilfe.

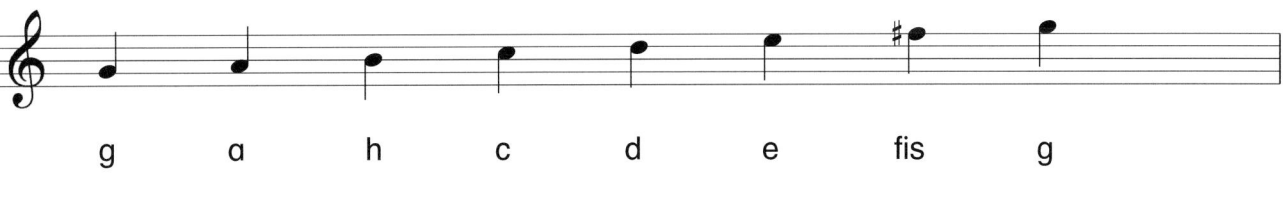

g    a    h    c    d    e    fis    g

# Dreiklang

Schreibe Dreiklänge von diesen Grundtönen aus aufwärts und ergänze die Notennamen.

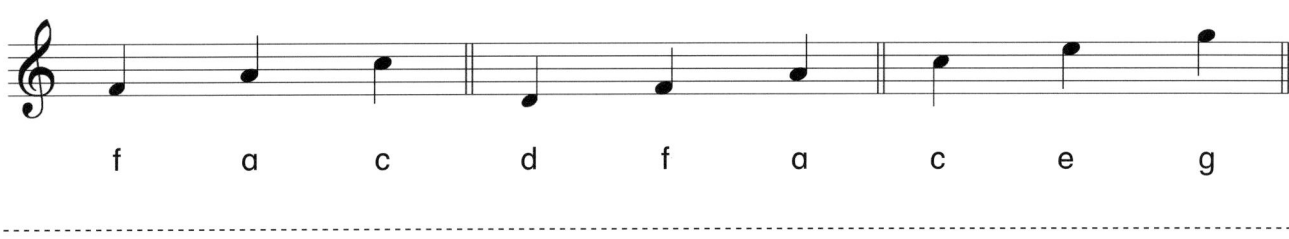

f    a    c    d    f    a    c    e    g

# Alle Unterrichtsmaterialien
der Verlage Auer, PERSEN und scolix

## jederzeit online verfügbar

**lehrerbuero.de**
Jetzt kostenlos testen!

» lehrerbüro
Das **Online-Portal** für **Unterricht** und **Schulalltag!**